Der Blick
von Wolke neun ...

Monika Sattmann

www.novumverlag.com

Bibliografische Information der Deutschen Nationalbibliothek:

Die Deutsche Nationalbibliothek verzeichnet diese Publikation in der Deutschen Nationalbibliografie. Detaillierte bibliografische Daten sind im Internet über http://www.d-nb.de abrufbar.

Alle Rechte der Verbreitung, auch durch Film, Funk und Fernsehen, fotomechanische Wiedergabe, Tonträger, elektronische Datenträger und auszugsweisen Nachdruck, sind vorbehalten.

© 2016 novum Verlag

ISBN 978-3-99048-600-9
Lektorat: Susanne Schilp
Umschlagfotos: Monika Sattmann, Mega11 | Dreamstime.com
Umschlaggestaltung, Layout & Satz: novum Verlag
Innenabbildungen:
Monika Sattmann (3)

Gedruckt in der Europäischen Union auf umweltfreundlichem, chlor- und säurefrei gebleichtem Papier.

www.novumverlag.com

*Es war einmal ein kleines Mädchen …
Es war einmal ein kleines Mädchen,
es hatte ein märchenhaftes Leben,
aber heute kann keiner glauben, was es erlebt hat.
Geboren wurde es im zerstörerischsten Krieg aller Zeiten.*

Autorin
Monika Sattmann

1

Der Blick von Wolke neun!

Jeder Mensch hat eine Seele, ich wusste das auch nicht immer. Man kann es auch Bewusstsein, höheres Selbst oder ganz einfach Gott nennen. Im vergangenen Jahrhundert, so um die 1940er Jahre, sitze ich wieder einmal auf meiner Lieblingswolke Nr. 9, es geht mir sehr gut, wie schon könnte es im Himmel anders sein, da fällt mein Blick nach unten. Es muss die Erde sein, sofort war das Glücksgefühl beendet.
Ist die Menschheit noch zu retten?
Der Andrang am Himmelstor ist sehr groß, Petrus muss Überstunden machen, um alle Menschen einlassen zu können.
Zweiter Weltkrieg nennt man das. Er ist keine Überraschung.
Von der Menschheit selbst durch ihre Lieblosigkeit verursacht, ist sie aus der Harmonie des Universums gefallen, durch den Krieg muss die Harmonie wieder hergestellt werden.
Hitler muss die Rolle des Bösewichts übernehmen.
Es muss mir einfach zu gut gegangen sein, es packte mich das Helfersyndrom, denn auf einmal hatte ich die Idee, ich könnte wieder einmal in einen Körper schlüpfen, mit dem ich mich auf der Erde niederlassen könnte.
Es fand eine kurze Beratung mit Petrus statt.
Er ist die oberste Instanz, was menschliche Seelen betrifft, Er hat mich gewarnt, ich solle mir nicht zu viel vornehmen, das könnte auf Erden sehr schmerzlich werden.
Mein Gott ist sehr ehrgeizig, darum habe ich mir einige große Aufgaben gestellt.
Ratschläge sind auch Schläge, darum gibt man sie weiter und von Wolke neun sieht alles nicht so schlimm aus.
Wenn ich in diesem Leben ALLES schaffe, ist keine Wiedergeburt mehr notwendig.

Nun schauen wir einmal nach,
was muss ich da noch alles lernen?

Geduld
Jeden Menschen so annehmen, wie er ist.
Hilfe leisten, wo immer man kann, für alle da sein.
Wunschlos werden.
Ich brauche kein Ego mehr.
Alle Aufgaben erkennen und erfüllen.

Ja ja, gut, ist das alles? Das kann ja nicht so schwer sein. Und ich habe mich voll Enthusiasmus von der Wolke gestürzt. Nun musste ich mich umsehen, ich brauchte das passende Objekt und die passende Familie, in der ich all das verwirklichen konnte.
Die Suche dauerte und dauerte. Was ist schon Zeit im Universum? Ich war sehr wählerisch, denn ich wollte alle Aufgaben genau erfüllen, schließlich bekommt man Erleuchtung nicht geschenkt.
Endlich, die Kreise wurden schon enger, da habe ich das Objekt der Begierde erspäht. Als ich noch näher kam, bemerkte ich, dass ich diese Seele schon kannte. Der Schreck fuhr mir gewaltig in die noch nicht vorhandenen Glieder, denn ich war mit dieser Seele schon einmal verheiratet gewesen, es war zwar schon ein paar Leben her, aber so etwas vergaß man nicht. Damals war die Seele nicht sehr nett zu mir gewesen, sie hatte versucht, mir mein Leben durch Verbrennen zu beenden.
Was sollte ich machen?
Auch diese Seele hatte ihre Aufgaben zu erfüllen.
Ich warf mich mutig auf die Seele, auch ich merkte, dass sie sich freute, als sie mich bemerkte, eine alte Verbundenheit war spürbar, sozusagen eine Seelenverwandtschaft. Das wurde die Vaterseele.
Die Mutterseele, sie war nicht erfreut, als sie von meiner Absicht, in ihr Leben zu treten, erfuhr. Unsere Seelen kannten sich nicht. Da so ein neues irdisches Leben nicht vom Zufall abhängt, musste die verkörperte Vaterseele herbeigeschafft werden.

Die Seele erscheint

Der Vater war in einem eisigen Winter im tiefsten Russland und kämpfte für sein Vaterland (Hitler). Anno Domini 1942 gab ihm Hitler Weihnachtsurlaub. Vater reiste mit den verschiedensten Militärfahrzeugen (er war „Kradfahrer") und dem Zug nach Österreich, in seine Heimat. Für drei Wochen durfte er seine Familie besuchen. Eine Frau und zwei Kinder freuten sich auf seinen Besuch. Eine Tochter, die die Mutter aus einer vorangegangenen Beziehung in die Ehe mitgebracht hatte, sechs Jahre alt, und ein zwei Jahre alter Bub.

Das, was sich die Seele für dieses Leben vorgenommen hatte, war ziemlich heftig, doch es bedeutete viele Erkenntnisse, das erfuhr sie erst viel später. Sie hatte natürlich auch ihre vergangenen „Leben", so wie alle Menschen, vergessen. Bis zum zweiten, dritten Lebensjahr wissen wir noch um unsere Wiedergeburt Bescheid, doch dann vergessen wir die vergangenen Leben, um nicht noch verwirrter zu werden, als wir ohnehin schon sind.

Sie, die Seele, harrte der Dinge, die da kommen würden. Als sie noch im schwerelosen Raum schwebte, merkte sie, dass es nicht einfach werden würde, ihre Mutter machte sich große Sorgen, es war ihre Art, sich viele Sorgen zu machen. Verständlich war es denn es herrschte immer noch Krieg, es gab kaum etwas zu essen und niemand wusste, ob der Vater heil aus dem Krieg nach Hause kommen würde.
Die Sorgen ihrer materiellen Mutter teilte sie nicht. Ihr Körper gedieh! Und sie erblickte im September 1943 um fünf Uhr morgens im Körper eines Mädchens

Kurzfristig vom Lebensmut verlassen, die Nabelschnur dreimal um den Hals gewickelt, dem Erstickungstod nahe, machte es, das Kind, das kleine Mädchen, doch den ersten Schrei.
Hausgeburten, mit einer Hebamme, waren damals normal.

Es saugte das Leben und die Muttermilch so heftig, dass es seiner Mutter eitrige Brüste bescherte. Eine sehr schmerzhafte Sache für die Mutter, da man damals radikale Lösungen für solche Probleme hatte. Die Brüste wurden vom praktizierenden Hausarzt aufgeschnitten, um die Entzündung und den Schmerz zu lindern. Doch seine Mutter rächte sich, indem sie dem Kind einen heiß erwärmten Ziegelstein ins Bettchen legte, der aber durch seine Ausdünstung so heiß wurde, dass es das schreiend kundtun musste. Da man einige Zeit nicht darauf hörte, was das Kind zu sagen hatte, hat es heute noch die Narben der Brandblasen. Das waren die ersten körperlichen Schmerzen, die dem Kind einen Vorgeschmack auf das Leben geben sollten.

Getauft wurde das Mädchen auf den Namen Monika Ulrike Josefine. Es war damals so üblich, den Kindern mehrere Vornamen zu geben, denn alle Tanten und Onkel wollten in dem Kind verewigt sein. Ich glaube, das hat das Mädchen nicht gestört, denn es hatte in seinem Leben keine Nachteile.
Die Kleine gedieh trotz eines genetischen Fehlers sehr gut, fast zu gut. Die Zeit damals hatte für das Kind einen ganz großen Vorteil. Durch die eitrigen Brüste stand keine Muttermilch zur Verfügung. Kuhmilch war zu kostspielig, daher musste man auf Ziegenmilch zurückgreifen. Seine Mutter bezeichnete diese Krankheit als „Vierziger", ein juckender Hautausschlag (heute Neurodermitis, beziehungsweise adopische Dermatitis genannt). Die Ziegenmilch, die damals zur Verfügung stand, war ideal für das Kind und außerdem viel billiger, denn Milch von der Ziege hatte damals einen geringen Stellenwert. Die Zeiten haben sich geändert, heute bezahlt man für Ziegenmilchprodukte mehr als für Kuhmilch.

Das Mädchen war schon über ein Jahr alt, als es seinen Vater zum ersten Mal sah. Der Vater war ganz verliebt in sein kleines Mädchen, sozusagen war es das Nesthäkchen. So nannte man damals Kinder, die schon ein wenig als Nachzügler galten.

Irgendwann hatte der Wahnsinn mit dem Krieg ein Ende. Der Vater, der körperlich den Krieg heil überstanden hatte, erzählte seinen Kindern immer wieder, wie er es geschafft hatte, von Südfrankreich in nur drei Tagen zu Hause zu sein.
Die Kindheit des Mädchens war geprägt von vielen Erzählungen, die alle vom Krieg handelten.
Zuerst war da die Front des Vaters in den russischen Wintern, in denen es den Soldaten die Glieder abgefroren hat, und als die Siegermächte an der französischen Küste landeten, war er auch da noch im Einsatz.
Er brachte Schwarz-Weiß-Fotos von getöteten Soldaten mit nach Hause, die aber die Kinder nicht sehen durften.
Da für Kinder das Verbotene immer am interessantesten ist, fanden sie schnell heraus, wo die Bilder versteckt waren.

<blockquote>
Wofür leben wir, wenn nicht dafür,
einander das Leben weniger schwer zu machen?
</blockquote>

2

So wie es den Menschen immer nach einem überstandenen Krieg ging, so ging es den Menschen nach dem Zweiten Weltkrieg auch. Wenig bis nichts zu essen, die Wohnmöglichkeiten waren sehr bescheiden.

Als der Krieg zu Ende war, war das Mädchen zwei Jahre alt. Es musste unter der Hungersnot nicht leiden, die Fotos von damals belegen das. Doch ich stelle mir vor, dass es für die Eltern sehr schwere Zeiten waren, sie mussten sich selbst und die drei Kinder ernähren. Das Mädchen „Weiwi" lebte mit seiner Familie auf dem Land, doch irgendwann bekam der Vater in einer Fabrik Arbeit, und die Familie zog in eine kleine Stadt. Es begann die Zeit des Wiederaufbaues.

Monika wohnte von nun an in einer Wohnung, in einem Wohnblock. Die Wohnsiedlung war von Hitler errichtet worden. Die Menschen arbeiteten in der Waffenfabrik. Hitler hatte Waffen gebraucht.
Er war ja auch deshalb in Österreich so willkommen, weil er Arbeit schaffte. Zwischen den beiden Weltkriegen herrschte in Österreich große Arbeitslosigkeit, es gab keine Arbeit und nichts zu essen. Das hörten die Kinder immer wieder, „seid froh, dass ihr überhaupt etwas zu essen habt", (wenn es einmal nicht so gut geschmeckt hat), wir hatten gar nichts.
Die Eltern des kleinen Mädchens hatten sich schwierige Zeiten ausgesucht, um in diese Welt zu kommen. Sie sind im Ersten Weltkrieg zur Welt gekommen, es gab nur Not, dann durften die jungen Männer kämpfen, und die jungen Frauen mussten auf sie warten.

Nach dem Krieg bekamen die Familien manchmal ein Essenspaket aus Amerika mit Käse und Konserven. Die Menschen der Siegermächte spendeten für die Besiegten in Europa, so wie wir heute für Menschen spenden, die in Krieg führenden Ländern leben. Es litt damals niemand an Übergewicht, diese Generation hatte diesen großen Vorteil gegenüber den heutigen Kindern. Das kleine Mädchen litt keinen Hunger, nein, es gedieh prächtig.

Da der Vater Tiere sehr mochte und er in der Umgebung der kleinen Stadt viel Kontakt zu Bauern hatte, kam ihm die Idee, selbst Bauer zu werden. Er hatte irgendwo im Voralpenraum ein kleines Anwesen entdeckt, das zu pachten war. Es hatte nur den großen Nachteil, dass es zu klein war, um eine Familie zu ernähren. Doch wenn der Vater sich etwas in den Kopf gesetzt hatte, war die Entscheidung schon gefallen. Die Familie zog mit dem bisschen Hab und Gut wieder aufs Land. Die Mutter war nicht glücklich darüber, denn sie war zwar sehr fleißig, doch keine geborene Bäuerin. Für die Kinder und besonders für klein Monika, das Mädchen, begannen paradiesische Zeiten.

Ein wolkenverhangener Morgen
bedeutet nicht zwangsläufig einen verregneten Tag.

〜

3

Der kleine Zweikant-Hof lag mitten im Wald. Eine Stunde zu Fuß in den nächsten Ort. Das störte das Mädchen nicht, denn es hatte das Paradies gefunden. Ein paar Ziegen und ein Ziegenbock wurden angeschafft, eine Kuh und ein Pferd wurden in dem kleinen Stall von anderen Bauern eingestellt. Die Mutter war nun immer sehr mit der Landwirtschaft beschäftigt. Der Vater, gelernter Polierer, war die ganze Woche zur Arbeit in einer Stadt, die ungefähr fünfzig Kilometer entfernt war. Die Mutter war mit den drei Kindern fünf Tage in der Woche allein, und das machte ihr stark zu schaffen. Sie hatte immer große Angst. Am Abend, wenn es dunkel wurde und die Kinder schliefen, stellte die Mutter eine schwere Truhe vor die Eingangstüre, sie entzündete eine Petroleumlampe, schrieb Tagebuch und so manches Gedicht. Im Haus gab es weder Strom noch Trinkwasser. Das kleine Mädchen erledigte kleinere Aufgaben, wie das Holen von Trinkwasser aus einer Quelle, die im Wald war, oder sie half beim Tierefüttern. Die meiste Zeit genoss es Freiheit pur. Der Wald rund ums Haus bot einen unbegrenzten Spielplatz. Was gab es Schöneres als Blätter, Äste und Steine?

> Die Erde gehört nicht den Menschen,
> der Mensch gehört der Erde.

4

Eines Tages begann für das kleine Mädchen der Ernst des Lebens, es war noch keine sechs Jahre alt, es musste zur Schule gehen. Hinunter ins Dorf war es ja lustig, da war man ganz schnell, doch den steilen Berg hinauf, das war schon ganz schön anstrengend. Die Winter brachten damals noch sehr viel Schnee. Es gab keine geräumten Wege, so kam es manchmal vor, dass das Mädchen im Schnee versank. Die von der Großmutter gestrickten, wollenen Strümpfe waren nass, wenn die Kinder in der Dorfschule ankamen, so dass sie ihre Sachen ausziehen und an den Ofen hängen mussten, der das Klassenzimmer beheizte.

Wenn die Kinder am Morgen von der Mutter geweckt wurden, war es stockdunkel und bitterkalt in dem Raum, in dem sie schliefen. Doch die Mutter war schon lange auf, sie hatte in der Küche eingeheizt, die Milch gewärmt und auch das Gewand, das die Kinder anziehen mussten. Bei Dunkelheit stapften die Kinder hinaus in die Kälte und den tiefen Schnee.

Der große Bruder musste vorangehen, damit Weiwi nicht ganz in den Schneemassen verschwand. Durch den Wald ging es bergab. Die Äste der Tannen und Fichten waren auch mit Schnee beladen, manchmal schüttelte der Bruder einen dieser Äste, wenn das Mädchen darunter durchgehen musste. Das war für Monika noch Spaß, leider hatte sie ein anderes Problem.

Sie konnte nicht gut singen. Der Pfarrer, der den Religionsunterricht hielt, um den Kleinen die zehn Gebote zu erklären, damit sie endlich wussten, was sie tun durften und was nicht, legte aber viel Wert auf Gesang. Einmal brummte das Mädchen wieder ganz fürchterlich. Das hielt der Pfarrer nicht aus. Er dachte, Schläge mit einem dicken Stock würden das Brummen beenden. Das gelang ihm auch. Singen war für Monika vorbei, auch für das spätere Leben.

Den Winter über ging das Kind nicht sehr viel zur Schule, denn die Mutter war nicht gern allein im Haus, sie konnte sich ja gut auf den vielen Schnee hinausreden. Die ältere Schwester, die schon in die Hauptschule ging, war wochentags nicht da. Wenn sie am Wochenende nach Hause kam, lehrte sie Monika das Stricken. Daher beherrschte sie vor dem Schreiben und Lesen das Stricken.

Das war ihr ja auch viel lieber, denn sie konnte sich stundenlang mit den Stricknadeln beschäftigen. Überhaupt war ihr nie langweilig, im Winter liebte sie den Schnee und im Sommer die Tiere und den Wald, das alles faszinierte das Kind.

Der Ziegenbock wurde vor einen Wagen gespannt, und wenn er Lust hatte, dann zog er ihn ein Stück.
Die Wochenenden erwartete das Mädchen immer sehnsüchtig, weil der Vater nach Hause kam. Er hatte jetzt einen Vollbart, und Monika liebte diesen Bart über alles. Monika war Papas Liebling, so weit es ging, erfüllte er ihre Wünsche. Er zimmerte einen Wagen mit zwei Rädern, vor diesen spannte er das Pferd, Vater und Kind fuhren damit in den nächsten Ort zum Einkaufen.

Der große Bruder war natürlich ein wichtiger Spielgefährte. Er hatte auch sehr oft die absurdesten Ideen. Eines Tages entdeckte er ein Wespennest in einer kleinen Steinmauer. Irgendwann kam er auf die Idee, in dem Nest herumzustochern. Monika sah ihm aufmerksam zu und merkte nicht, dass die Wespen zornig wurden. Der Schwarm kam herausgeflogen und reagierte sich in Klein Monikas Gesicht ab. Das Resultat war, dass sie eine Woche liegend verbringen musste weil sie nichts sehen konnte.

Irgendwann im Mai holte eine Schwester der Mutter Monika ab, sie musste mit ihr gehen. Sie kannte die Tante gut, und so war sie auch nicht traurig darüber. Ganz im Gegenteil, sie wurde von der kinderlosen Tante verwöhnt. Als die Tante das Kind wieder brachte, war ein kleiner Bruder da.

Er war ein kleiner Schreihals, alles drehte sich um ihn. Monika war nun nicht mehr das Nesthäkchen, doch sie hatte den Wald und die Tiere, stundenlang konnte sie ihrer Phantasie freien Lauf lassen. Sie hatte viel Phantasie, aus einem Holzscheit machte sie sich eine Puppe, die sie betreute wie das neue Baby. Zum sechsten Geburtstag bekam sie einen richtigen, fast neuen Puppenwagen mit einer fast neuen Puppe. Das war schon etwas Besonderes, die Freude war sehr groß. Welch ein Weltschmerz, als der Tonkopf der Puppe so hart am Puppenwagen aufschlug, dass er zerbrach. Da sie nun zur Schule ging, wünschte sich Monika für das bevorstehende Weihnachten einen Bleistiftspitzer, einen „Doppelspitzer", sie konnte sich gar nicht vorstellen, dass dieser große Wunsch in Erfüllung gehen würde.

Doch das Christkind machte es möglich, das Glück war perfekt. Paradiesische Zustände herrschten an diesem idyllischen Ort aber nur für die Kinder. Für die Mutter war es eine doppelte und dreifache Belastung. Im Sommer musste das Heu für die Tiere eingebracht werden, das Gelände war sehr steil und ohne Maschinen sehr Kräfte raubend zu bearbeiten. Das Pferd oder manchmal auch die Kuh mussten den schwer beladenen Leiterwagen steil hinaufziehen. Es kam schon vor, dass die Tiere es nicht schafften, oder der Wagen fiel wegen seiner Schieflage um. Der Vater bekam einen Tobsuchtsanfall, die Kinder versuchten dann, nicht in seine Nähe zu kommen. Doch die Tiere brauchten Futter, sonst konnten sie keine lebenswichtige Milch geben. Die Ernährung war nicht sehr kontinuierlich. Meistens gab es nur das, was gerade zur Verfügung stand. Die Mutter musste mit ihrem Speiseplan sehr flexibel sein.

Einmal brachte der Vater einen großen Sack mit Zucker nach Hause, niemand wusste, woher er kam. Als die Kinder entdeckt hatten wo der Sack versteckt war, gingen sie so lange naschen, bis er leer war.

Doch zu Weihnachten machte man Schokolade. Die Kakaomasse, in die Kokosfett gemischt wurde, kam in kleine Aluförmchen, diese wurden in den Schnee zum Festwerden gestellt. Schnee war keine Mangelware. Heute hat man genug Schokolade, doch leider keinen Schnee. Monika hat nie mehr so gute Schokolade gegessen.

Im Sommer kamen Tante und Onkel aus Wien zur Sommerfrische, das waren Onkel Sepp und Tante Fini, die ältere Schwester der Mutter. Onkel Sepp nannte Monika Monkerl, sie war sein Liebling.

Fast wäre Monika auf einem Bauernhof aufgewachsen, doch es kam anders. Die kleine Landwirtschaft konnte die Familie nicht ernähren, und Nebenerwerb für den Vater gab es keinen passenden.

Sehr oft im Leben stellt sich die Frage, was wäre wenn?

Für Monika und ihre Geschwister war es das Paradies, aber eines Tages wurden sie aus dem Paradies vertrieben. Was war geschehen? Eigentlich nichts Besonderes, die Mutter schaffte mit den vier Kindern und der Landwirtschaft die Arbeit nicht mehr.

> Stelle dir jeden Morgen diese drei Fragen:
>
> Was ist gut in meinem Leben?
> Worüber kann ich glücklich sein?
> Wofür kann ich dankbar sein?

5

Bevor die Vertreibung aus dem Paradies stattfand, gab es für „Weiwi" Monika noch einen großen Schock. Sie wartete wie gewohnt schon sehnsüchtig auf Freitag, wenn der Vater nach Hause kam. Es kam ein Mann. Sie erkannte ihn nicht sogleich, denn er war glatt rasiert. Der geliebte Bart war ab. Zwei Wochen sprach sie kein Wort mit Papa.

Ungefähr dreißig Kilometer war die Stadt entfernt, in die die Familie zog. An die Übersiedlung kann sich das Mädchen nur mehr dunkel erinnern, doch seine Mutter erzählte oft davon. Es regnete den ganzen Tag, das einzig Kostbare, das sie besaßen, waren die Schlafzimmermöbel. Sie mussten auf einen Leiterwagen geladen werden. Das Pferd zog den Wagen bis zu einer befahrbaren Straße. Da musste das Schlafzimmer umgeladen werden, auf einen Lastwagen. Das Furnier der Möbel löste sich schön langsam aber sicher.
Die „Hitler-Siedlung" kannte die Familie von früher, nur war es dieses Mal ein anderer Abschnitt. Die Siedlung war in so genannte Abschnitte geteilt und benannt. Monika hatte Glück, sie kam in den Zweier-Abschnitt. Alles Wichtige befand sich in der Nähe, sogar die Schule.
Der Stadtteil, Münichholz genannt, war mit großzügigen Grünflächen ausgestattet, damals noch Gemüsegärten, und wie der Name schon sagt, mit einem großen, schönen Wald, auch Bischofswald genannt, für die Kinder wieder ein idealer Spielplatz.

Die Wohnung war für damalige Verhältnisse ein Glücksfall und doch heute unvorstellbar. Sehr kleine Räume, ein kleines Kinderzimmer für vier Kinder. Doch es gab eine Kochnische und ein Badezimmer mit einem Badeofen, der beheizt werden konnte, es gab Fließwasser und Strom. Die größeren Kinder bekamen das Kabinett, das Baby und Monika schliefen bei den Eltern im Ehebett.

Der Ernst des Lebens begann für Monika aufs Neue. Da sie nicht sehr häufig die Landschule besucht hatte und außerdem eine September-Geborene war, kamen die Eltern zu dem Schluss, sie solle die erste Klasse wiederholen. Das war für das Mädchen sehr gut, denn sie war nicht so eine gute Schülerin, obwohl es leicht lernte. Handarbeiten war sein Lieblingsfach, es strickte oft für die anderen Mädchen, die mit der Strickerei auf Kriegsfuß standen. Dafür war das Zeichnen nicht so sein Ding, in Deutsch war es nur im Aufsatzschreiben gut.

6

Das Mädchen hatte ein märchenhaftes Leben, viele Freiheiten, eingeschränkt wurden sie nur, wenn es auf den kleinen Bruder aufpassen musste. Das war nicht sehr oft, denn er war der Liebling der Mutter, natürlich auch des Vaters. Monika wandte sich zu dieser Zeit schon mehr ihren älteren Geschwistern zu. Die große Schwester war nicht sehr unternehmungslustig, außerdem hatte sie schon andere Interessen. Der große Bruder war da schon idealer, er nahm sie zu manchen Abenteuern mit, und was er auch anstellte, Monika hielt dicht, das war auch damals schon eine ihrer Stärken.

Es herrschte noch immer Nachkriegszeit, der Vater – er war Alleinverdiener, kein Wunder bei vier Kindern – sorgte so gut es ging für die Familie, er scheute keine Arbeit. Unbewachte Obstbäume befreite er schon so manches Mal von ihrer Last. Und wenn das Temperament mit ihm durchging drohte er seinem Chef schon einmal eine Ohrfeige an. Die Mutter machte sich wieder Sorgen.

Wie könnte sie mit Arbeitslosengeld vier Kinder ernähren? Die Ernährung war nicht gerade üppig, doch die Kinder mussten nicht hungern. Zu Weihnachten gab es als Geschenk „Aschanti" (Erdnüsse) und Orangen. Einmal bekam Monika eine Wärmflasche.

Wärme war damals noch etwas sehr Kostbares. Es konnte nur ein Raum beheizt werden, das Wohnzimmer, in dem sich die Familie aufhielt, alles andere wäre Verschwendung und nicht leistbar gewesen. Das Heizen war ein eigenes Kapitel. Im Herbst hörte man von überall her das Geräusch der Holzsägen. Das Holz wurde bei einem Händler gekauft und geliefert. Manchmal konnten die Leute die Bäume beim Bauern kaufen und selbst schlagen. Alle Familienmitglieder mussten helfen, es war eine harte anstrengende und gefährliche Arbeit.

Waren die Scheite vorm Haus, kam der Mann mit der Kreissäge und sägte einen ganzen Nachmittag. Zum Schlichten wurde das Holz anschließend in den Keller getragen, meist von den Kindern. Das Holzhacken übernahm der Vater. Das Holz vom Keller in die Wohnung hinauftragen war dann wieder die Arbeit der Kinder. Sehr oft durfte das Monika machen, auch das Spänemachen war schon ihre Arbeit. Eine große Narbe am linken Zeigefinger zeugt heute noch davon.

Holzarbeit war schwer, daher ging man mit Holz sparsam um. Die Tür zum beheizten Raum musste immer geschlossen sein, darauf achtete der Vater ganz besonders streng, und so mancher Rüffel wurde ausgeteilt, ließen die Kinder die Türe in ihrer kindlichen Leichtigkeit offen stehen.
Inzwischen spielte sich auch so manche familiäre Tragödie ab.
Der große Bruder fand im Keller eines ausgebombten Hauses eine Pistole. Der Bub hatte es ohnehin mit dem Schießen. Vom Kellerfenster aus (es war ein Luftschutzkeller, der während des Krieges als Schutzraum bei Bombenangriffen benutzt wurde) schoss er auf ein vorbeifahrendes Auto. Es war das Auto des Hausarztes.

Damals gab es noch nicht sehr viele Autos. Die Seitenscheibe ging kaputt, dem Arzt passierte Gott sei Dank nichts. Doch die Aufregung war trotzdem sehr groß. Die Polizei kam ins Haus und ermittelte. Die Kinder haben dichtgehalten, es wurde nie herausgefunden, wer der Täter war. Da das mit der Pistole fast ins Auge gegangen wäre, sah sich der Bruder nach einem weniger gefährlichen Schussinstrument um er nahm ein Blasrohr. Das Schießen war seine Leidenschaft, er war auch im Krieg geboren worden, da war das Schießen legal. Im Nähkästchen der Mutter befand sich eine etwas stärkere Nadel, sie wurde mit einem Wollschweif versehen, und schon war das nächste Schießutensil fertig und testbereit. Wie oft die Nadel in Monikas Füßen steckte, das weiß sie heute nicht mehr.

Sehr interessant für den Bruder waren auch Steinschleudern. Eine kleine Astgabel wurde geschnitzt, mit Rexgummi (Einweckgummi) bespannt, und fertig war das Schießgerät.

Ein Onkel aus Wien war nun das erklärte Ziel. War keine Steinschleuder zur Hand, so genügte unreifes Obst, um den furchtbaren Drang des Schießens zu befriedigen.

7

Wie das bei Kindern so üblich ist, auch Monika wurde älter und größer. Da der Hauptanteil der Zuwendung von Vater und Mutter dem kleinen Nachzügler zukam, war die Freiheit für Monika noch größer. Außerdem hatte sie eine Tante, wie anfangs schon erwähnt, die das Mädchen sehr gerne mochte und so gut es ging für Ausgleich sorgte. Immer zu Ferienbeginn packte Monika ein paar Sachen, ihre Puppe und fuhr mit der Schmalspurbahn, die damals noch regelmäßig verkehrte, die zwanzig Kilometer in den Ort, in dem Godi und Onkel Otto lebten. Die Tante, die keine eigenen Kinder hatte, war eine Frau, die immer für andere da sein musste (nur dann war sie glücklich), sie war altruistisch veranlagt, was für Klein Monika von großem Vorteil war. Onkel Otto arbeitete in einer Messerfabrik, er kam immer sehr schmutzig nach Hause, und er verdiente sehr wenig.
Doch Godi konnte sehr gut wirtschaften und daher hatte sie für die Kinder immer etwas übrig, sie hatte es sich sozusagen vom Mund abgespart. Onkel Otto wusste davon nichts. Oder vielleicht doch?
Am wichtigsten war ihm gutes Essen. Hatte es doch Zeiten in seinem Leben gegeben, wo er nichts zu essen hatte!!!
Onkel Otto war nicht Godis große Liebe, diese war schon zu Beginn des Krieges gefallen. Onkel Otto aber verehrte Godi sehr, und daher haben sie eine Fernhochzeit gefeiert.
Wäre Onkel Otto auch gestorben, hätte die Frau den Status einer Kriegerwitwe und dadurch Anspruch auf eine Pension gehabt. Onkel Otto hatte Glück, er war, wie so viele Soldaten, in Stalingrad eingeschlossen. Bei einem Bombenangriff traf ihn ein Splitter am Kopf. Als Verwundeter wurde er noch ausgeflogen. Alle Soldaten, die dieses „Glück" nicht hatten, sind den „Heldentod" gestorben.
Geprägt durch die Arbeitslosigkeit und die große Hungersnot in der Zwischenkriegszeit, war Onkel Otto Sozialist.

Arbeiter hatten keine Vertretung, diese musste erst erkämpft werden.
Der heutige Sozialstandard fundiert auf diesem Kampf.
Die heutige Jugend weiß davon viel zu wenig.

Ihre Wohnung befand sich außerhalb eines kleinen Ortes. In den vergangenen Jahrhunderten befanden sich viele solche Orte direkt an den Gewässern, deren Wasserkraft für den Antrieb der Maschinen gebraucht wurde. Das Eisen kam vom Erzberg, es wurde entlang der Flüsse verarbeitet.
Die Wohnung war winzig. Es gab einen kleinen Vorraum, eine Wohnküche mit einem Tischherd, der mit Holz beheizt und gleichzeitig zum Kochen genutzt wurde, aber auch Wärme spendete. Weiter gab es ein Schlafzimmer mit einem Ehebett, in dem auch Monika schlief, wenn sie zu Besuch war. Am Morgen, wenn sie allein im Bett lag, konnte sie die Mäuse beobachten, die hin und her liefen.
Die Winter waren noch sehr schneereich und kalt. Für die Kinder war es herrlich, weniger für die Tante, sie hatte zwar schon elektrisches Licht, doch das Wasser musste sie aus dem Bach holen, der unterhalb des Hauses vorbeirann. Das hieß natürlich, im Winter mit einer Hacke zum Wasserholen zu gehen. Die schwerste Arbeit aber hatte sie, wenn sie Wäsche waschen musste.
Die Wäsche wurde auf dem Herd ausgekocht, mit einer eigenen Waschbürste gebürstet, über einer „Waschrumpel" durchgeknetet und anschließend im vom Eis befreiten Bach geschwemmt (Wäsche wurde damals noch mehrmals getragen, sie war daher viel schmutziger als heute).
Alles wurde in der Wohnküche zum Trocknen aufgehängt.
Zwei Tage, solange die Wäsche nass war, gab es genug Luftfeuchtigkeit im Wohnraum.
Einmal in der Woche wurde Wasser, auf dem Tischherd erwärmt, eine kleine Badewanne aus Blech wurde in der Wohnküche aufgestellt, mit heißem Wasser gefüllt. Darin haben nacheinander alle Familienmitglieder gebadet. Der Energieaufwand, bis alle sauber

waren, war schon enorm. Das Wasser musste herbeigeschleppt und auch wieder entsorgt werden.
Die Tante sorgte auch dafür, dass Monika regelmäßig ihre Zähne putzte, mit weißem Pulver, was immer das auch war.
Klein Monika hatte Glück, sie hatte jemanden, der das alles für sie tat.

Godi war immer beschäftigt, sie strickte für Leute Jacken oder Pullover, sie half bei Bauern, das Heu einzubringen, wenn Not an Mann war, sie besuchte regelmäßig ihre Stiefmutter, die schon Unterstützung brauchen konnte.
Monika hatte viele Freiheiten, ihr Lieblingsspielplatz war der Wald. Eines Tages fand sie dort glänzendes Metall, diesen „Schatz" musste sie nach Hause tragen, in ihrer Schürze.
Sie verstand die Welt nicht mehr, weil sich die Erwachsenen so aufregten über den Fund. Das Kind hatte scharfe Patronen mitgebracht.
Ein großer, alter Mostbirnbaum war Monikas zweites Zuhause, ein paar Mal vom Blitz getroffen, bot er ein wunderbares Versteck, in dem man herrlich fantasieren konnte.
Bemalte Blechfiguren waren ihr einziges Spielzeug, wenn das Wetter schlecht war.

Nicht hat ein Ende der Mensch,
hat er doch keinen Beginn ...
Sur Asa

8

Im Zentrum des kleinen Ortes lebte die Großmutter des Kindes. Eigentlich war es die Stiefgroßmutter, doch das merkten die Kinder nicht, weil sie auch bei ihr gut aufgehoben waren. Großmami oder Mami, wie sie von allen genannt wurde, war eine sehr christliche Frau.

Sie besaß zwei Strickmaschinen, mit einer strickte sie gerade Teile, mit der anderen konnte sie rundstricken, also Strümpfe oder Socken. Bei der Großmutter war es für Monika interessant, weil manchmal Kunden kamen, die sich etwas stricken ließen. Sie brachten die eigene Wolle mit, meistens war es selbst gesponnene Schafwolle (sehr kratzend), die Großmami strickte daraus, was die Leute wollten.

Mami kam Monika uralt vor, sie hatte ihre grauen, dünnen Haare immer zu einem Zöpfchen geflochten und zu einem Knoten hochgesteckt. Wenn sie die gestrickten Teile mit der Hand zusammennähte, saß sie auf ihrem Lieblingsplatzerl. Das war ein hoher Hocker, der beim Kachelofen stand, mit ihrem runden Rücken konnte sie sich an die warmen Kacheln lehnen.

Der Ofen wurde im Sommer und Winter beheizt, denn darauf wurde auch gekocht. Manchmal nickte Mami beim Nähen ein, der Kopf beugte sich immer tiefer. Das gefiel den Enkelkindern besonders gut, dann konnten sie wieder sagen: Mami, du schläfst, es gab immer die gleiche Antwort: Ich schlafe doch nicht, ich muss doch die Maschen zählen.

Das Haus, in dem die Großmutter wohnte, stand direkt an einem Bach, er floss an den Fenstern vorbei. Wenn Hochwasser war, konnte man vom Fenster aus ins Wasser greifen.

Die Wohnung bestand nur aus zwei Räumen. Es gab eine Wohnküche und ein so genanntes Schlafzimmer mit zwei sehr hohen

Betten. Die Matratzen waren mit Stroh gefüllt, das immer ein bisschen stach.

Monika schlief sehr gern in diesem Schlafzimmer, denn sie liebte das Rauschen des Baches. Mami schlief in der Wohnküche, sie brauchte die Wärme des Ofens. Als Schlaftrunk nahm sie immer ein Glas Most mit Zucker zu sich. Manchmal, wenn Monika bei der Großmutter schlafen durfte, spielten sie am Abend Domino, Mami erzählte so nebenbei Geschichten, wie es früher war, und mit kleinen Schwindeleien versuchte sie immer, die Spiele zu gewinnen. Monikas Tante erzählte damals, der Großvater und die Großmutter hätten eine Josefsehe geführt, was das bedeutete, war dem Kind natürlich nicht klar, es wusste nur, dass seine richtige Oma bei der Geburt eines Kindes gestorben war.
Viele Frauen starben damals am gefürchteten Wochenbettfieber, das Penicillin war noch nicht erfunden. Den Großvater kannte Monika auch nur aus Erzählungen. Er war mit vierundfünfzig Jahren an Lungenentzündung gestorben. Es war seine Angewohnheit, nach der schmutzigen Arbeit in der schlechten Fabrikluft von einer Brücke in einen sehr kalten Fluss zu springen.
Anfang des zwanzigsten Jahrhunderts hatte der Großvater geheiratet. Es kamen schnell nacheinander die Kinder. Zuerst drei Mädchen, das vierte Kind ist ein Bub, bei dieser Geburt starb die Mutter. Der Vater stand mit vier kleinen Kindern alleine da.

Das war aber noch nicht genug an so genanntem Schicksal. Es brach der Erste Weltkrieg aus, und er musste für den Kaiser ins Feld ziehen.
Die vier Kinder kamen in ein Waisenhaus. Von dieser Zeit erzählte Monikas Mutter immer wieder.
Es gab so wenig zu essen, dass die Kinder das harte Brot, das sie jeden Morgen bekamen, in ihrer kleinen Schürze zerbröselten, damit sie länger davon essen konnten. Monikas Mutter war Bettnässerin (wen wundert's). Sie musste mit dem von ihr in der Nacht genässten Leintuch über den Schultern so lange auf dem Gang sitzen bleiben, bis es trocken war.

Um ihr diese Prozedur zu ersparen, wurde sie von ihrer kleinen Schwester, die am anderen Ende des Schlafsaals lag, jede Nacht geweckt und zur Toilette geschickt.

Und das mit der Puppe erzählte sie auch sehr oft. Die Heimkinder gingen mit einer Klosterschwester im Park spazieren, als eine sehr noble Dame auf Monikas Mutter zukam und ihr eine wunderschöne Puppe schenkte. Doch sie wurde ihr von den Schwestern weggenommen, denn so etwas außergewöhnlich Schönes war für ein Heimkind nicht vorgesehen.

Als der Großvater endlich vom Krieg nach Hause kam, war er entsetzt über den schlechten Zustand seiner Kinder. Er suchte eine Frau für die Betreuung der Kinder. Es bot sich Mami an, unter der Bedingung einer Josefsehe.

Dem kleinen Mädchen ging es da schon viel besser. Es hatte genug zu essen, viel Freiheit und doch Personen, die sich um sie kümmerten. Wie schon einmal erwähnt, war die Nachkriegszeit für alle Menschen damals und speziell für Familien eine schwere Zeit. Die Stadt, in der Monika mit ihren Eltern lebte, war eine Grenzstadt. Teilweise nur einige hundert Meter entfernt verlief die Grenze zum russischen Teil von Österreich, was das bedeutete, haben die Leute erst im Nachhinein wirklich begriffen.

1955 verließen die Besatzere Österreich offiziell, dank des Staatsvertrages. Das einzige Land, das die Russen freiwillig verlassen haben.
Monika war damals zwölf Jahre alt und sehr durch die Besatzungszeit geprägt. Doch bevor es so weit war, gab es an der Grenze so genannte USIA-Geschäfte, in denen es billigere Lebensmittel zu kaufen gab, das war für die Eltern eine Erleichterung und wurde daher genutzt. Bis dahin hatte es Lebensmittelmarken gegeben, denn Nahrung konnte man nicht uneingeschränkt kaufen. Von der Caritas gab es Hilfspakete für Familien. Diese enthielten Lebensmittel aus Amerika.

Eine Familie, die im selben Haus wohnte, bekam sehr oft solche Pakete, keiner wusste warum. Aber auch die verheirateten, kinderlosen Schwestern der Mutter unterstützten die Eltern. Eine Schwester, sie lebte in Wien, schickte manchmal Bekleidung für die Kinder, hin und wieder auch Geld. Diese Tante, alle nannten sie Tante Fini (Josefine), erzählte ihren Nichten und Neffen, immer wenn sie zu Besuch war, von den Hamsterfahrten aufs Land, wenn sie Kleidung oder Schmuck bei Bauern gegen Lebensmittel tauschten. Auch erzählte sie von der großen Angst, als bei Kriegsende „die Russen kamen".
Vor allem die jüngeren Frauen wurden von den Besatzern vergewaltigt, das war Alltag, wenn eine Frau freiwillig mit einem Soldaten ging, war sie eine Hure.

Wie für alle Kinder verging auch für Monika die Zeit bis zum „Groß werden" viel zu langsam. Sie hatte die verschiedensten Vorstellungen, wie sie ihr Leben einmal gestalten wollte.

> Der Weise verlangt alles von sich selbst
> und nichts von den anderen.

9

Ganz klar war die Vorstellung einer eigenen Familie. Eine Familie, in der es mehr Treue und weniger Lügen geben sollte, und das Wichtigste, weniger körperliche Gewalt. Die Mutter war sehr oft von Eifersucht geplagt. Um keine Eifersucht verspüren zu müssen, muss der Partner absolut treu sein. Gibt es so etwas?

Es war für das kleine Mädchen klar, dass es eine Familie gründen wollte, doch auf keinen Fall wollte es einen Mann, der es „betrügen" würde. Was immer das sein mochte, damals hatte es von all dem noch keine Ahnung, doch das Wort „betrügen" hatte schon einen schrecklichen Klang Die negativen Seiten des Betrogen werdens hat es bei seinen Eltern kennen und verabscheuen gelernt. Die Mutter war zehn Jahre älter als der Vater, mit ein Grund für die Seitensprünge, doch Hauptgrund war sicher der Männlichkeitswahn. Monikas Mutter war überfordert. Mit dem Ehemann, den Kindern und auch finanziell. Die Kinder wurden größer, die finanziellen Ansprüche auch. Die große Schwester besuchte eine berufsbildende Schule, der große Bruder bekam eine Lehrstelle als Schneider. Ob das sein Traumberuf war? Man durfte damals bei der Berufswahl nicht sehr wählerisch sein. Man nahm, was man kriegen konnte.
Diese Lehre dauerte allerdings ohnehin nicht sehr lang, ein halbes Jahr vielleicht. Warum? Der Bruder schnitt in einen Stoff, der dafür nicht vorgesehen war, Berufsrisiko. Der Lehrherr verlangte von den Eltern Ersatzgeld, das diese nicht hatten.
Weil das Schicksal sehr oft gnädiger ist als erwartet, bekam der Bub eine Lehrstelle als Tischler.
Die Jobaussichten waren insgesamt nicht gut, und darum hieß es eines Tages: Die große Schwester fährt in die Schweiz, sie kann dort als Hausmädchen arbeiten. Die Arbeitsbedingungen in der Schweiz waren nicht die erhofften, und so blieb Brigitte, die Schwester, nicht sehr lange im Ausland.

Es war zu dieser Zeit, als Monika erfuhr, dass die Schwester „nur" ihre Halbschwester war. Sie hatte einen anderen Vater und der, welch wunderbarer Zufall, lebte in Bad Ischl und war schon lange Witwer. Es wurde Kontakt zu ihm aufgenommen, mit dem Resultat, dass Gitta, wie die Schwester von allen genannt wurde, zu ihm ziehen konnte.

Sie führte für ihren „richtigen Vater" den Haushalt und gleichzeitig bekam sie eine Lehrstelle bei einem Notar.
Monika beendete die Pflichtschule und besuchte anschließend eine dreijährige Schule für Kleidermacher. Das Nähen gefiel ihr sehr, doch die Theorie war langweilig und für sie Zeitverschwendung.
In den Ferien arbeitete sie als Küchenhelferin in einem Hotel in Bad Ischl. Dort fand sie auch den ersten Kontakt zum anderen Geschlecht. Ein Kellner-Lehrling war ihre erste große Liebe, rein platonisch natürlich. Peter, so hieß der junge Mann, besaß einen Motorroller, mit dem sie in ihrer kargen Freizeit Ausflüge unternahmen. So manche laue Sommernacht verbrachten sie auf einer Bank im Kurpark. Der Sommer ging vorüber und die Liebe auch.
Die Schule ging weiter, und in der Familie war wieder einiges los. Der große Bruder wollte eine „Schlurffrisur", die Haare einfach etwas länger als damals üblich. Das war aber ein Trauma für den Vater und eine große Belastung für die ganze Familie.
Ein militärischer Kurzhaarschnitt war das Symbol für eine „anständige" Familie. Das Wort „Pubertät" kannte man noch nicht.

Monika begann ebenfalls zu rebellieren, im Besonderen wollte sie die Bevorzugung der Buben nicht mehr hinnehmen. Ja, Hausarbeit war damals reine Frauensache. Im Kopf von Monika begannen sich andere Ideen zu manifestieren. Sie hat damals den Grundstein für ihr heutiges Leben gesetzt.
Ob gut oder schlecht, das wäre heute müßig zu beurteilen, denn es ist vorbei, und sie lebt heute mit der Wirkung, ob sie es will oder nicht.

Du erntest, was du säst!

Die Kinder urteilen über die Mutter

Mit 6 Jahren:
Die Mutter weiß alles,
mit 10 Jahren:
Die Mutter weiß viel,
mit 15 Jahren:
Wir wissen so viel wie die Mutter,
mit 20 Jahren:
Die Mutter hat nicht viel Ahnung,
mit 30 Jahren:
Wir könnten die Mutter fragen,
mit 40 Jahren:
Die Mutter ist nicht auf den Kopf gefallen,
mit 50 Jahren:
Die Mutter hat doch alles gewusst.
Viktor Arzt

Klein Monika, die nun auch nicht mehr ganz klein war, macht sich so ihre Gedanken. Literatur über Lebensplanung im heutigen Sinn gab es nicht, es gab das Vorbild und die eigene Phantasie. Will Monika in die Fußstapfen ihrer Mutter treten oder will sie ganz etwas anderes? Will sie auf eigenen Füßen stehen oder doch die damals so übliche Opferrolle übernehmen? Obwohl politisch und religiös kein Druck ausgeübt wurde, war im Unterbewusstsein eine gewisse Linie vorgegeben. Die Aggressionen der Eltern gegen Monika wurden nicht weniger, doch Monika, eine Waage-Geborene, sehnte sich nach Harmonie. Der Vater war von Jähzorn geplagt, nicht nur er, unkontrollierte Schläge waren für die Kinder keine Seltenheit.
Da die Schneiderei immer schlecht bezahlt war, versuchte sich Monika in der Fabrik, die in der Stadt das Lohnniveau bestimmte.

Serienarbeit im Akkord forderte die Aufmerksamkeit, aber nicht den Verstand, für solche Arbeiten holte man die Frauen fort von Kindern, Küche und Kirche.

Durch den Zuverdienst der Frauen stieg der Lebensstandard kontinuierlich. Es wurde besser. Man konnte sich „etwas leisten", sogar wochentags kam Fleisch auf den Teller. Fleisch wurde zum Wohlstandssymbol. War es um die Wirtschaft schlechter bestellt, machte man den Frauen ein schlechtes Gewissen, und redete ihnen ein, sie vernachlässigen die Familie. Im vergangenen Jahrhundert wechselten diese Anschauungen jedes Jahrzehnt einmal. War man der Ansicht, es kämen zu wenig Kinder zur Welt, wurde Alice Schwarzer mit ihrer Emanzipation verrissen. Fehlten Arbeitskräfte, mussten mehr Betreuungsplätze für Kinder geschaffen werden.

Fragt man eigentlich Frauen, was SIE möchten?
Möchten SIE vielleicht bei den Kindern bleiben,
oder haben SIE vielleicht andere Talente?

Ich befreie mich von der Illusion, Fehler zu machen!

10

Auch Monika plagte der Jähzorn, sie wusste noch nicht, dass sie das ändern konnte. Gedanken und Gefühle durften nie ihren Weg nach außen finden, Explosionen waren vorprogrammiert. Wie für jede Pubertierende war auch für Monika diese Zeit nicht sehr angenehm. Auch die Eltern waren zwischen Festhalten und Loslassen hin und her gerissen. Es gab keine Aufklärung, denn Sexualität gab es nicht. Wo kamen all die Menschen her? Die Eltern waren nicht religiös, die Kirche hatte einfach die Körperlichkeit für alle Menschen schlechtgemacht. In der Mitte des vergangenen Jahrhunderts war Sexualität tabuisiert, besonders für Frauen. Freud hatte ja noch behauptet, dass Frauen beim Sex keine Gefühle haben. Die so genannte Befreiung mit der Pille kam. Es war eine zweifelhafte Befreiung, aber es war eine.
Nach der ersten amourösen, platonischen Erfahrung kamen unweigerlich neue dazu. Es waren wichtige Leidensjahre, in denen sich Hochs und Tiefs abwechselten.
Mit den Lebensjahren steigerte sich die Lebensintensität. Bis Monika begriff, dass sie von einer Abhängigkeit in die andere schlitterte, war sie schon bald fünfzig Jahre alt. Aber lassen wir doch Monika wieder zu Wort kommen:
Immer wieder von der Mutter erinnert: Du bist genau wie dein Vater. Was heißen sollte: Du bist leichtsinnig und untreu wie dein Vater. Nach außen war sie es wirklich, lebenslustig und voller Energie und Phantasie. Nicht einmal die Mutter erkannte den wahren Charakter von Monika oder wollte ihn nicht erkennen. Es war einfacher, das Kind zu beschuldigen als den Ehemann.

Das Kind konnte sich nicht wehren, es wusste nur, dass das nicht der Wahrheit entsprach, und es nahm sich vor, das zu beweisen. Monika lachte und tanzte sehr gern, wie man weiß, verstehen Männer das meistens falsch. Lautes Lachen war damals bei Mädchen ein Zeichen von Freizügigkeit und daher tabu. Was durften Männer

nicht alles, was für Frauen absolut tabu war. Hat sich eigentlich diesbezüglich viel geändert?
In der Türkei dürfen Frauen heute noch nicht laut lachen.
Monika war aber nicht das Sorgenkind der Eltern, denn das war der Nachzügler. Die Sorgen der Mutter wurden mit dem Erwachsen werden der Kinder immer mehr. Für die ältere Schwester hatte sie ein paar Heiratskandidaten.
Sie wollte für sie einen „guten Ehemann", der ihr weniger Probleme machte als ihr eigener Doch Gitta, nach außen ein sehr geduldiger und fügsamer Charakter, hatte von ihrer Zukunft eine eigene Vorstellung. Mutters Kandidaten entsprachen nicht Gittas Vorstellungen.
Gittas Kandidat entsprach aber Mutters Vorstellung nicht.
Für jedes Kind hatte die Mutter eine andere Partnerschaft gewünscht. Ihre eigene Partnerschaft dürfte das bewirkt haben. Nach dem Motto: Meine Kinder sollen es einmal besser haben. Welche Mutter wünscht sich das nicht? Sie hat keinen Wunschpartner für die Kinder bekommen, auch Kinder dürfen ihre Erfahrungen und Fehler machen. Gut gemeint war es, doch sie hat sich damit ihr Leben noch viel schwerer gemacht, es hat ihr sicher einige Lebensjahre gekostet.

> Männer, die behaupten,
> sie seien die uneingeschränkten Herren im Haus,
> lügen auch bei anderen Gelegenheiten.
> Mark Twain

Die Lebensgeschichte von Gitta, Monikas ältere und einzige Schwester, würde ein eigenes Buch füllen.
Sie heiratet einen zwei Jahre jüngeren Mann. Monika ist bei dieser Hochzeit siebzehn Jahre alt und nimmt an, dass es die große Liebe ist. Die Mutter ist dagegen, sie hält mit ihrer Meinung nicht hinter dem Berg. Diese Tatsache ist kein guter Start für die Beziehung. Gitta zieht mit ihrem Partner in eine andere Stadt, sie geht ihrem Beruf nach. Das junge Glück wird getrübt

durch eine Erkrankung der Schwester. Es muss ein Eierstock entfernt werden. Der Gynäkologe bezweifelt, dass noch eine Schwangerschaft möglich ist. Doch wie es so oft im wirklichen Leben passiert, der Arzt hat sich geirrt, und zwar gewaltig. Gitta waren noch drei Kinder beschieden, hätte sie nicht verhütet, wären es noch mehr geworden. Die Beziehung zum Ehepartner war alles andere als harmonisch. Beruflich war der Partner sehr viel unterwegs, hauptsächlich im benachbarten Ausland, damals war das noch der Ostblock. Finanziell war er sehr erfolgreich und bei den Frauen auch.
Wie in sehr vielen Partnerschaften gab es auch in dieser einen sehr dominanten Teil und einen sehr zurückgezogenen.

Schwer zu erraten, wer der Dominante war. Das war die Schwester schon von Natur aus nicht. Der Mensch kann vieles ertragen, aber doch nicht alles, es begann ein langer Leidensweg, den die Mutter manchmal vergeblich versuchte zu beenden. Monikas Kontakte zur Schwester waren eher spärlich und fanden dann statt, wenn der Ehemann nicht anwesend war. Seine Dominanz und Respektlosigkeit Frauen gegenüber waren für Monika fast nicht zu ertragen. In kurzen Abständen kamen die Kinder, und Gittas Leben war mit Aufgaben gefüllt. Das waren sicher auch ihre schönsten Lebensjahre. Sie hatte nicht die Kraft, sich von diesem gefühllosen Partner zu trennen. Ihre Lebensgeschichte endete, wie heute sehr viele enden.
Die Kinder bekamen eine gute Ausbildung, sie waren gute Schüler, doch die Schulung fürs Leben war nicht dabei.

Der erstgeborene Sohn wurde wie sein Vater, er hatte eine nicht sehr liebenswerte Art. Beruflich mittelmäßig. Drei Beziehungen, jede der Partnerinnen starb an Krebs. Die Tochter hatte mehr die Gene der Mutter geerbt, sie gab sich immer sehr fröhlich, hatte aber keine gute Hand bei ihren Beziehungen. Sie erlebte eine Totgeburt, ein Sohn starb im Alter von ein paar Wochen. Letztendlich beging sie mit ihrem Auto Selbstmord.

Der jüngste Sohn hatte immer hochtrabende Pläne, missionierte in Afrika, studierte in Amerika, war ein halbes Jahr verheiratet und lebt jetzt im Obdachlosenmileu. Es war immer Monikas große Sorge: Was wird einmal sein, wenn der Schwager in Pension geht und die Schwester muss sich sein dummes Gerede den ganzen Tag anhören? Vielleicht stirbt er ja bald, denn er hat hundertzwanzig Kilo und ist nicht sehr gesund.

> Der Mensch denkt und Gott lenkt, oder doch nicht?
> Der Mensch, denkt Gott, lenkt!

In diesem Fall lenkte Gott. Er schickte der Schwester eine schwere Krankheit, eine unheilbare Blutkrankheit, und da sich die Seele im Blut befindet, konnte man annehmen, dass sie an der Seelenkrankheit litt. Die Krankheit hatte leichtes Spiel bei der Schwester, der Widerstand war schwach, wenn überhaupt vorhanden. Der Schwager war nicht sehr betrübt über den Verlust, es gab genug Trösterinnen.

11

Ich glaube ja, dass jede Seele, die sich materialisiert, etwas zu lernen und Aufgaben zu erfüllen hat. Daher können wir nie über andere urteilen, denn wir kennen nicht seine Aufgaben. In Wahrheit sollten wir damit beschäftigt sein, unsere eigenen Aufgaben zu erkennen, denn damit haben wir genug zu tun. Es war die kurze Geschichte eines doch nicht so kurzen Lebens, die Schwester wurde sechzig Jahre alt. Es bleibt der schmerzhafte Gedanke, keine Schwester mehr zu haben.

> Wäre das Wort „Danke" das einzige Gebet,
> das du je sprichst, so würde es genügen.
> Meister Eckehart

Die Jugendzeit in den 1950ern bis 60ern verlief doch ganz anders als heute. Von Konsumieren und Feiern (Komasaufen) ganz abgesehen. Arbeiten und Pflichten übernehmen war selbstverständlich. Es gab immer ein MUSS! Monika musste immer im Haushalt mithelfen, arbeiten, lernen. Sobald ein wenig Geld verdient wurde, musste Kostgeld bezahlt werden. Es war eine Selbstverständlichkeit, die Eltern finanziell zu unterstützen. Um selbstbestimmt zu werden, war es notwendig, so früh wie möglich auf die eigenen Beine zu kommen. Und da gab es nur eines: Du musst! Niemals konnte Geld oder Unterstützung von den Eltern erwartet werden, denn die hatten selbst keines. Es begann die Zeit der Arbeitssuche und der Partnersuche, denn das Wort „Single" gab es damals noch nicht. Mit der Beschäftigung, ihr Leben auf eigene Füße zu stellen, ging das Leben ihrer Familie mehr oder weniger unbemerkt an ihr vorüber. Für Monika war klar, einen Partner finden zu wollen der charakterlich das Gegenteil ihres Vaters sein musste. Und unabhängig, finanziell, wollte sie auch sein.

Erster Wunsch ging in Erfüllung, zweiter nicht so ganz. Achtzehn Jahre war sie alt, als der Lebenspartner eintraf. Die amourösen Geschichten, die Monika bis zum achtzehnten Jahr gehabt hatte, waren eher frustrierend und doch so wichtig, um dann die richtige Entscheidung treffen zu können. Was aber nicht automatisch bedeutete, dass ihr Leben leicht war.

Ganz im Gegenteil.
Doch im Grunde ist das Leben so schwer, wie man es nimmt.
Wobei man die Gefühlswelt nicht außer Acht lassen darf.
Der Verstand mag ja alles rational verstehen, doch tut der Bauch es auch?
Im Grunde genommen scheitert ALLES IMMER nur an der Umsetzung. Die Leitung zwischen Kopf und Bauch wird durch das Herz unterbrochen, das ist das so genannte menschliche Problem. Dann kommt da noch die Ungeduld, je jünger desto größer. Ich weiß, ich habe die richtige Entscheidung getroffen, doch wann wird der Erfolg sichtbar? Es tauchen wieder Zweifel auf. Erst sehr, sehr spät taucht Vertrauen auf, manchmal ist es schon zu spät. Vertrauen in eine Macht, die weiß, was wir in diesem Leben zu erfüllen haben, denn mag es noch so schmerzhaft sein, es passiert IMMER das Richtige. Kein Mensch ist ALLWISSEND, mag er noch so ein großer Prophet sein, Jesus, Mohamed oder Buddha, alle hatten menschliche Züge, sie waren in der Materie gefangen.

> Leute, die keine Dummheiten machen,
> sind in der Regel zu dumm dazu.
> Waggerl

Man könnte lange über das Leben philosophieren, doch wir wollen doch Monikas Leben weiter verfolgen.
Aus dem kleinen Mädchen wurde ein nicht allzu großes. Sie war kein hässliches Entlein und ein bisschen rundlich.
Immer noch hatte sie eine gute Verbindung zu Tante und Onkel, aber auch zur Großmutter. Was gibt es Besseres, als die Lieb-

lingsnichte einer kinderlosen Tante zu sein? Die Tante hatte eine große Leidenschaft: Sie musste GEBEN (heute weiß man diese Leidenschaft zu benennen: Altruismus, es ist die Sucht, geben zu müssen). Am liebsten hätte sie Monika alles gegeben. Ihre Gebensfreude bremste der Onkel ein. Er beschnitt ihr sehr oft das Kostgeld. Sie beschnitt ihre Lebenshaltungskosten und gab von dem Wenigen. Sie war nur glücklich, wenn sie geben konnte. Wer versteht das heute noch?

Doch es bestand natürlich auch eine emotionale Bindung, es gab sicher eine alte Seelenverwandtschaft. Immer wieder gab es gegenseitige Besuche und gemeinsame Wanderungen.

12

Wie schon gesagt, die Dualseele erschien nach dem achtzehnten Geburtstag, drei Jahre älter, sie hatte den gesuchten Geruch. Damals hatte Monika noch keine Ahnung, dass der Geruchssinn bei der Partnerwahl die ausschlaggebende Rolle spielt. Würden die Menschen nicht so viele Düfte verwenden, gäbe es nicht so viele Trennungen.

Um Monikas Leben abwechslungsreich werden zu lassen, war die Dualseele (eine Seele, die die andere ergänzt), das genaue Gegenteil von ihr. Weltanschaulich und charakterlich.

Extrem religiös (nach neuesten Forschungen sind religiös erzogene Kinder nicht besser, als nicht religiös erzogene, ganz im Gegenteil), sehr starke familiäre Bindung, ausgeglichen, ruhig, geduldig und politisch das Gegenteil.

Die Basis musste Liebe sein, sonst könnte diese Beziehung nicht schon dreiundfünfzig Jahre andauern.

Alles, was ich ablehne, werde ich selbst.

~

Mit dem schnellen Sex ging das zu jener Zeit nicht. Es gab zuerst ein Kennenlernen, Sex kam erst nach einigen Monaten. Beide Neulinge, doch wo ein Wille, da ein Weg. Was Monika irritierte, war der Sex vor der Heirat, doch die Dualseele meinte, Liebe könne die Kirche (Klerus) nicht verbieten.

In das Leben von Monika treten die unterschiedlichsten Charaktere, mit den verschiedensten Lebensgeschichten. Die Dualseele heißt Fredi und so wollen wir sie in Zukunft nennen.

Fredis Familie stammt aus dem Sudetenland, von den Tschechen nach Ende des Zweiten Weltkriegs aus ihrem kleinen, österreichischen Dorf vertrieben. Der Vater war Müller und im Dorf angesehen. Er führte ein relativ bequemes Leben, ließ Arbeiter und die Frauen für sich arbeiten, die Weltanschauung war konservativ und erzkatholisch. Mit der Treue nahm er es auch nicht sehr genau. Er zeugte nicht nur eheliche Kinder.

Sein Vorbild war sein Vater und es war anscheinend üblich, dass manchmal zwei seiner Frauen gleichzeitig zur Niederkunft kamen. Aus den Stammbäumen sind solche Ereignisse ersichtlich. Fredi ist der erstgeborene Sohn der zweiten Frau. Die erste Frau, wie damals sehr oft, stirbt bei der Geburt des dritten Kindes. Der Vater hatte drei kleine Kinder, was brauchte er dringend? Richtig, wieder eine Frau, die die Kinder aus erster Ehe versorgt und auch noch eigene Kinder will. Man nahm, was man kriegen konnte. Auch die Frauen hatten keine große Auswahl. Mann und Kinder oder Kloster. Der Schwiegervater musste in den Krieg, die Mutter versorgte die Mühle und die Kinder. Zumindest hatte die Mutter neben der vielen Arbeit im Dorf ein hohes Ansehen. Sie war Jemand.

Nachdem der Krieg verloren war, kam der Vater in Kriegsgefangenschaft.
Die Tschechen okkupierten das Heimatdorf, somit wurden alle Bewohner vertrieben. Der Weg führte auf dem Leiterwagen nach Österreich zu verwandten Klosterschwestern, sie mussten die sechs Kinder mit der Mutter notdürftig unterbringen.

Waren die Vorkriegs- und Kriegsjahre für die Familie noch einigermaßen angenehm gewesen, so war es nach dem Krieg sicher die schlimmste Zeit im Leben der Großfamilie.
In einem Asylheim von Klosterschwestern wohnten sie, mehr schlecht als recht, in einem einzigen Raum. Um die Kinder ernähren zu können, arbeitete die Mutter für die Schwestern. Als der Vater aus der Kriegsgefangenschaft kam, musste er für wenig Geld als Hilfsarbeiter arbeiten. Eine behinderte Schwester der Mutter lebte ebenfalls in der Familie, auch sie arbeitete für die Klosterschwestern. Mit ihrem kleinen Verdienst konnte sie die Familie unterstützen. 1950 wurde noch ein Nachzügler geboren. Vorher oder nachher gab es noch eine Abtreibung, das wurde aber erst

bekannt, als die Mutter an Alzheimer erkrankt war. In dieser Zeit plauderte sie so manches Familiengeheimnis aus. Anscheinend, und ich bin mir ganz sicher, verliert man bei dieser Krankheit das Unrechtsbewusstsein. (Mann beherrscht sein Geschlechtsorgan nicht, nur Mann kann dich von der sogenannten Sünde befreien; Religionen von Männern, FÜR Männer gemacht.)
Viele Dinge, die im Leben nicht sein durften, will man vergessen, darum diese Krankheit.

1950 bekam die achtköpfige, manchmal auch neunköpfige Familie eine Vierraumwohnung in der Siedlung, die Hitler für die Arbeiter seiner Kriegsmaschinen erbauen ließ. Mindestens zu zweit mussten sich die Kinder ein Bett teilen. Doch die Wohnung besaß schon ein Badezimmer mit einem beheizbaren Ofen und einer Wanne Einmal in der Woche wurde gebadet und die Wäsche gewechselt. Das war schon ein ordentlicher Sauberkeitsstatus für diese Zeit. Einmal im Monat verbrachte die Mutter zwei Tage in der Waschküche. Der Name Küche war insofern richtig, da die Wäsche, Weißwäsche, gekocht wurde, gebürstet und wieder gekocht, anschließend geschwemmt im kalten Wasser (zumindest schon Fließwasser). Die Kinder mussten anschließend mit der Mutter die großen Teile auswinden.

Zum Essenkochen blieb in diesen Tagen keine Zeit. War die Wäsche endlich trocken (im Sommer ging das schneller), kam der Bügeltag, das war schon durch den Strom eine Erleichterung. Der Erstgeborene aus erster Ehe lebte zu dieser Zeit schon in den USA.
Die Tochter aus erster Ehe unterstützte die Familie finanziell bis zu ihrer Heirat.
Der Dritte aus erster Ehe, dessen Geburt die Todesursache der ersten Frau war, lebte noch bis zu seinem frühen Ableben im Familienverband.

Die älteren Kinder erlernten einen Beruf und trugen mit ihrem kleinen Monatslohn zum Familienerhalt bei.

Als Monika diese Familie kennen lernte, fand sie diese Situation vor:
Vier Söhne lebten noch zu Hause, alle hatten einen Beruf erlernt, arbeiteten und bezahlten Kostgeld. Der Nachzügler ging noch zur Schule.
Monika wurde mit Religiosität konfrontiert. Nämlich mit fanatischer Religiosität. Sämtliche Dogmen mussten befolgt werden. Es gibt keine Religion ohne Dogmen.
Und noch einmal:
Religion wurde immer von Männern für Männer gemacht, denn in Wirklichkeit sind es immer die Frauen, die die Gesetze befolgen müssen. Dass Monika nicht die Kirche besuchte, war ein ernstes Problem, dass sie zu jung war und nicht kochen konnte, waren nur Problemchen. Dass Monika die ideale Dualseele war, das erkannte Fredi sofort, es war seine erste Auflehnung gegen seine Eltern, bei der er sich durchsetzte.

Einige Zeit sah es für die Mutter von Monika so aus als würde sie recht behalten. Monika, die ständig Rebellierende, hatte bei den Männern kein gutes Händchen.

Nun kam da ein besonders anständiger Bewerber daher, so einer, den sich die Mutter für die ältere Tochter vorgestellt hatte. Sie, die Schlimme, bekommt ein Mäuschen, ja immer die, die es nicht verdienen, bekommen das Beste. Die Manipulationen gingen so weit, dass versucht wurde, Fredi davon abzubringen, die schwangere Monika zu heiraten Monika hat davon erst viel später erfahren. Die Pille war damals noch nicht erfunden. So musste eben geheiratet werden, achtzehn Jahre und noch nicht volljährig.
Monikas Körper rebellierte, er war ja mit seiner eigenen Entwicklung noch nicht fertig, schon musste er ein neues Leben versorgen. Im dritten Schwangerschaftsmonat wurde geheiratet. Das Hochzeitsmahl hatte sämtliche Ersparnisse gekostet, und so stand das Brautpaar zwar mit ein paar praktischen Hochzeitsgeschenken, dafür ohne Wohnung da.

So wie der Makrokosmos, so der Mikrokosmos,
   so wie das Atom, so ist das Universum,
so wie der menschliche Geist, so ist der kosmische Geist.

13

Der Bräutigam wohnte bei seinen Eltern, Monika hatte ein winziges Zimmer gemietet. Die Geburt der ersten Tochter geschah verfrüht, am zweiten Weihnachtsfeiertag. Sämtliche Geburtsvarianten sind sicher schon beschrieben worden, daher kommt nicht noch eine dazu, es war für Monika ein Albtraum.

Der Vater musste sich bei der Kreißsaaltür verabschieden, und da das Kind keine zweieinhalb Kilo wog, wurde es sofort in den Inkubator gelegt. Die folgenden Tage durfte Monika das Baby durch eine Glastüre sehen. Bis zum Erreichen von zweieinhalb Kilo vergingen vier Wochen, dann erst durfte die Mutter das Kind in die Arme nehmen und schließlich mit nach Hause. Wer kann sich das heute noch vorstellen? Erst dann bemerkte Monika, dass das Baby auf der Wange einen Blutschwamm hatte. Wie man sich vorstellen kann, musste das Kind mit der Flasche ernährt werden, das war okay, denn damals war man ohnehin der Ansicht, dass Flaschennahrung gesünder sei. Inzwischen hatte die junge Familie eine winzige Mansardenwohnung bekommen, in der nur ein Raum beheizbar war. Na, wenigstens konnte man gemeinsam wohnen. So einfach war es auch wieder nicht, denn Fredi war kein „Loslasser". Mindestens einmal am Tag musste er seine Ursprungsfamilie besuchen. Seine Mutter kochte ihm das „Richtige" und fragte, ob er in der Kirche war.

Klein Mizi gedieh und es stellte sich bald heraus, dass es ein Rotschopf wird, mit vielen Sommersprossen und rotes, gelocktes Haar.
Die behinderte Tante von Fredi war die Taufpatin. Die stolze Patin fragte Monika eines Tages, ob es ihr etwas ausmache, dass Klein Mizi rote Haare hat. Monika verneinte, die Tante war sehr erstaunt, denn in ihrer Kindheit waren rothaarige Kinder verspottet worden. Es gab aber noch ein zweites Manko, es war „nur" ein

Mädchen. Das Privileg der Buben hatte nur die Schwiegermutter. Doch die junge Familie hielt trotz Anfeindungen zusammen.

Der Blutschwamm, der auch gewachsen ist, wurde nach einem Jahr erfolgreich mit einer hochgiftigen Chemikalie behandelt. Klein Mizis Entwicklung verlief problemlos. Um die Haushaltskasse aufzubessern, fing Monika wieder an zu arbeiten. Stundenweise wurde Mizi von ihrer Oma betreut. Nach kurzer Zeit begann schon das Bitzelalter, mit Blauwerden und Umfallen. Die Oma war mit dem Kleinkind überfordert, wollte es sich aber nicht eingestehen. Eines Tages war Monika wieder schwanger.

Ja, zwei Kinder waren sowieso vorgesehen, Fredi wollte noch mehr Kinder. Wieder begann eine problematische Schwangerschaft, kein einziges Kilo konnte zugenommen werden. Der Haushalt, die Arbeit, Unterstützung gab es keine, die Geburt begann wieder fünf Wochen zu früh. Das Baby wog nur ein Kilo achthundert Gramm. Fünf Wochen durfte die Mutter die Rosi nur durch eine Glasscheibe sehen. Was hat man sich dabei nur gedacht?

Monika war mit den Kindern beschäftigt, Fredi mit seiner Arbeit, mit der er nicht sehr glücklich war. Als gelernter Instrumentenmacher arbeitete er nun in einem betriebswirtschaftlichen Büro. Zu dieser Zeit kam Fredis Bruder aus Amerika zu Besuch. Er wollte immer einen seiner Brüder bei sich in Detroit haben. Er schwärmte vom guten Verdienst und von den vielen Möglichkeiten, die das Land bot. Ein jüngerer Bruder hatte den Sprung über den Ozean schon gewagt.
Da Fredi mit seiner Arbeit nicht glücklich war, ließ er sich überreden, sich Amerika zumindest anzusehen. Es folgten Ansuchen bei der amerikanischen Botschaft und ein halbes Jahr Wartezeit, bis das Einreisevisum und die Arbeitsbewilligung folgten. Fredi flog im Februar 1967 nach Detroit. Die Familie sollte drei Monate später nachkommen, sobald er ein geeignetes Haus gefunden hatte. Monika blieb in der gemeinsamen Wohnung, die sich ganz in der Nähe der Arbeitsstelle befunden hat.

Wie die Zufälle so spielen (es gibt in Wirklichkeit keinen Zufall), wurde Monikas Onkel entlassen (die Messerfabrik sperrte zu). Er fand in Fredis Firma Arbeit und konnte daher die Wohnung, die frei wurde, gut gebrauchen. Drei Wochen nach Fredis Abflug kamen die Flug-Tickets, Monika packte Kind und Kegel und flog ohne Englischkenntnisse nach Amerika.
Die Wiedersehensfreude der Dualseelen war sehr groß, doch der erste Eindruck von Amerika war nicht berauschend. Und vor allem wusste Monika sofort, dass sie dort nicht alt werden wollte

Amerika, das Land der unbegrenzten Möglichkeiten.
Das ist sicher heute noch so.

    Gehe nicht durchs Leben! Wachse dein Leben lang

Die wichtigste Erfahrung in Sachen Liberalität, Weitsicht und Großzügigkeit, nicht umsonst sind die Amerikaner dafür bekannt: Leben und leben lassen. Die ungemeine Toleranz dem ANDEREN gegenüber. Das muss man lernen als gelernter Österreicher, der über die Berggipfel nicht hinaussieht. Doch in den letzten Jahrzehnten hat sich in Österreich einiges gebessert. Jetzt geht es sehr oft in die entgegengesetzte Richtung, die Anbiederung ist das andere Extrem.

Doch nun in Amerika hieß es, das Leben zu organisieren.
Es wurde im Zentrum von Detroit ein Haus gemietet, sechs Meilen von der City entfernt Ganz in der Nähe ein Park, daher heißt die Gegend auch Highlandpark. Vor dreißig, vierzig Jahren eine sehr angesehene Gegend, mit riesengroßen Villen, gebaut und bewohnt noch von den Familien Ford oder Dodge. Die glanzvollen Zeiten waren vorbei, Detroit war immer noch ein Auto-Zentrum, doch der Glanz ist längst verblasst. In den sechziger Jahren begannen für die weißen Amerikaner unruhige Zeiten, denn die schwarzen Sklaven rebellierten. Sie wollten keine Unterdrückung mehr und den gleichen Wohlstand als die Weißen.

Es begann die Zeit der FARBIGEN, NIGGER wurde zum Schimpfwort. Martin Luther King trat ans Rednerpult, es gab Krawalle und Ausgangssperren. Die Kennedys wurden ermordet. Weil die Amerikaner sehr tolerante Menschen sind, erreichten die Schwarzen, was sie gefordert hatten
Sicher ist aber auch, dass sie das Gleiche leisten mussten als die Weißen, denn es gibt auch in Amerika nichts geschenkt. Fredi, der in einer Firma arbeitete, die Werkzeuge für die Autoindustrie herstellte, machte viele Wochenarbeitsstunden. Nur der Sonntag war frei und für die Familie reserviert. Man traf sich mit der Verwandtschaft zum Grillen oder man fuhr in einen der vielen Parks, mit Grill und Schwimmmöglichkeit. Gut ausgebildete Facharbeiter aus Österreich waren immer willkommen in Amerika. Sie konnten gut verdienen und einiges ersparen, wenn sie nicht den aufwendigen Lebensstil der Amerikaner lebten. Monika betreute die Kinder und wusste sehr bald, dass das nicht IHR Leben war. Die Möglichkeiten der Selbstbestimmtheit waren trotz Freiheit sehr eng gesteckt. Das Leben der Amerikanerin spielt sich hauptsächlich in den riesigen Einkaufszentren ab. Dort wird alles erledigt, dort verbringt man seine Freizeit. Daneben: konsumieren, konsumieren.
Eines Tages wollte Monika mit Kind und Kinderwagen zu Fuß zu einem Einkaufszentrum gehen, sie kam nicht weit, es blieb ein Polizeiauto stehen. Der Inspektor fragte, ob sie ein Problem hätte. Einerseits verständlich, denn die Entfernungen sind anders als im kleinen Österreich. Und darum wäre ein Auslandsaufenthalt für alle Österreicher sehr Horizonterweiternd. Der Blick über die Berge wäre sehr wichtig. Durch das Internet hat sich einiges gebessert. Aber auch wenn Monika mehr Bewegungsfreiheit gehabt hätte, wäre ihr die Lebensweise der Amerikaner nicht entgegengekommen.

Der Kontakt mit den Österreichern in den Clubs war insofern uninteressant, weil immer nur vom schönen Österreich geredet wurde, ja aber, ja aber, keine Verdienstmöglichkeit. Und das ganze Jahr warten, bis man in den Urlaub fliegen kann, ist nicht sinnvoll. Monika wusste ziemlich bald: entweder, oder.

In einem anderen Teil von Amerika, schönere Landschaft, wäre Monika vielleicht glücklich geworden, sie wäre heute Amerikanerin. Nur wenn du ein Land als Deines akzeptieren kannst, kannst du ein glückliches und zufriedenes Leben führen.

Ganz sicher wären Monika und ihre Familie in Österreich sozial viel besser gestellt als in den USA. Fredi war der Leittragende, denn sein Beruf wurde in den USA viel mehr geschätzt und besser bezahlt. Es war beschlossene Sache, dass man, wenn die ältere Tochter die Schule beginnen musste, wieder nach Österreich zurückkehren wollte. Fredis Bruder erfuhr erst davon, als der Abflug schon geplant war.

Monika kehrte mit den zwei Kindern in die Wohnung zurück, in der Tante und Onkel zwei Jahre gewohnt hatten. Zu dieser Zeit ging der Onkel in Pension, somit konnten sie in ihre Wohnung in Grünburg zurück übersiedeln.
Für Monika stand wieder ein Ortswechsel bevor, nicht allzu weit, nur von einem Stadtteil in einen anderen, dort wurde von dem in Amerika verdienten Geld eine Eigentumswohnung gekauft.

Nach drei Monaten, kurz vor Weihnachten, war es so weit. Fredi, der bis zu dem Zeitpunkt noch in den Staaten arbeitete (um das Budget aufzubessern), kam, um bei der Übersiedelung zu helfen. Die ältere Tochter, Mizi, ging von nun an im Stadtteil Christkindl zur Schule. Ein neuer Lebensabschnitt begann, wenn das damals auch niemandem bewusst war.

> Das Glücklichsein verliert seine Bedeutung
> ohne das ausgleichende Unglücklichsein.

14

Eine ganz NORMALE Familie

Der Familienernährer arbeitet in einer nahe gelegenen Fabrik, Monika führt den Haushalt und kümmert sich um die Kinder. Die Zweitgeborene kommt in die Schule, Monika wird von den Kindern nicht mehr so intensiv gebraucht, sie sucht sich in der Nähe einen Putzjob, um die Haushaltskasse aufbessern zu können.

Monika war ein Jahr verheiratet, als Fredis Halbbruder bei einer Klettertour tödlich verunglückte. Er war fünfundzwanzig Jahre alt, und bei seiner Geburt ist die Mutter gestorben. Das menschliche Gehirn ist zu klein, um solche Dinge zu begreifen. Der Schock saß tief, doch wie man so schön sagt, das Leben ging weiter. Die Schwiegermutter gab den Bergen die Schuld, am Unglück, die ihr seit der Vertreibung aus ihrer berglosen Heimat immer ein Dorn im Auge waren. Diese Zeit war noch eine sehr schuldbeladene Zeit. Allem und jedem die Schuld für sein Unglück zu geben, war die Methode, sein Leben zu bewältigen.
Schuld, etwas nicht Greifbares, konnte man hin und her schieben. Die röm.-kath. Kirche, die Jahrhunderte versuchte, die Menschheit mit ihren Dogmen klein und schuldbehaftet zu halten, nutzte ihre Dominanz.
Religionsgründer waren immer männlich. Religionen von Männern für Männer gemacht. Die Folgen kennen wir, schauen wir uns nur die Welt an.
Monika, eine Frau, von Haus aus schlecht, keine praktizierende Christin, was kann das schon sein?
Wer braucht nicht Anerkennung? Das heißt, ständige, doppelte Anstrengung, und Monika hat es gemacht. Lang, viel zu lang. Es gab keine Hilfe, von keiner Seite, Monika hätte auch nie um eine gebeten.

Fredis Mutter wollte auch keinen Kontakt zu ihren Enkelkindern, warum auch immer, sie hatte sicher ihre Gründe.

Monikas Mutter betreute ein autistisches Enkelkind und war sichtlich damit überfordert, da zu diesem Zeitpunkt niemand über Autismus Bescheid wusste.
Um soziale Kontakte zu pflegen, engagierte man sich in verschiedenen Vereinen. Gesangsverein, Turnverein.
Monika und Fredi wanderten viel mit den Kindern. Das Skifahren erlernten sie, um mit den Kindern in Skiurlaub fahren zu können. Man hatte Kontakt mit den Tanten und Onkeln von Monika, hauptsächlich mit Monikas Lieblingstante, genannt Godi. Sie wurde auch die Lieblingstante von Rosi, der zweiten Tochter von Monika. Sie war eigentlich schon die Großtante zu Rosis, doch das spielte damals keine Rolle, sie war ja ganz einfach für alle „Godi". Die Seele der Familie, immer für alle da. Sie musste immer GEBEN, sie war nur glücklich, wenn sie für jeden etwas hatte.

Ihr Mann, der Onkel Otto, bremste sie immer ein. Er war das genaue Gegenteil, er sah sein Geld am liebsten auf seinem Sparkonto. Da Godi kein eigenes Einkommen hatte, war es für sie sehr schwer. Sie sparte immer mehr bei ihren Bedürfnissen. „Geben ist seliger denn nehmen."
Kennt man heute das Sprichwort noch?
Man kam finanziell über die Runden, Eigentumswohnung, Auto, zweimal im Jahr Urlaub, das war schon mehr als der Großteil der Österreicher hatte. Natürlich musste man wirtschaften können. Monika nähte und strickte für sich und die Kinder, das schonte das Einkommen. Es gab lange Zeit einen Schwarz-Weiß-Fernseher, man musste warten, bis etwas kaputt war, dann kam erst ein neues Gerät in Frage. Ein Ganztagsprogramm gab es ja ohnehin nicht.
Die Familie von Fredi wurde nur zu den großen Feiertagen besucht. Es fiel nie jemanden ein zu fragen: Wie geht es dir? Es war selbstverständlich, dass man funktionierte. Ob gut oder

schlecht, egal, jede Familie hatte ihre eigenen Probleme, die es zu bewältigen gab.

> Um Gutes zu tun, brauchst du kein Geld.

～

Die Welt ist in Ordnung, man lebt in einem Land mit vielen Vorteilen und einigen Nachteilen. Es gibt das EINE ohne das ANDERE nicht.
Monika hatte nur einen Wunsch, ein Kind, das sie nach der Entbindung in die Arme nehmen konnte. War es ein Fehler? Auf jeden Fall fehlte noch etwas. So kam es zu einer Nachzüglerin. Monika war bei der dritten Geburt genau dreißig Jahre alt, neun Jahre Pause lagen dazwischen. Die Stimmen aus dem Umfeld: dass du dir das noch einmal antust?

Und genau an dieser Stelle können wir philosophieren, was richtig oder falsch ist.
Der Weg ist vorgegeben, wir haben ihn gewählt, wir müssen ihn zu Ende gehen und wenn er noch so heftig ist. Wir haben natürlich den freien Willen, entscheiden wir uns dagegen, müssen wir wieder kommen, denn gerade diese Aufgabe fehlt noch.
Es kam noch ein Mensch dazu, für den Monika immer DA sein musste. Dies ist eine der schwierigsten Aufgaben überhaupt im Leben.

Bist du in dieser Inkarnation als Frau zur Welt gekommen, hast du wahrscheinlich den Wiedergeburtskreislauf beendet, denn Frausein in dieser Zeit ist sicher schwierig genug, man hat den MUSS-Faktor mit der Muttermilch bekommen.
Frau MUSS:
Nicht sehr gescheit sein, dafür hübsch sein, nett sowieso, muss sie immer für alles Verständnis haben, sie muss einen perfekten Haushalt führen können, Gutes kochen, Kinder bekommen, nur Augen für den eigenen Mann haben, doch hübsch muss sie für alle sein, sollte Not an Mann sein, darf sie auch arbeiten gehen,

neben der Familie, dann darf sie die Enkelkinder betreuen und später die alten Eltern. Wenn notwendig, den kranken Ehemann pflegen.
Von der Geburt bis zum Tod MUSS die Frau.
Männer könnten die Leistungen der Frauen niemals bringen.

Was ist,
wenn einem Mann das Wasser bis zum Bauchnabel reicht?
Es geht über seinen Verstand.

15

Eine glückliche, wohlgelaunte Seele tänzelt durch den Weltraum und nähert sich dabei ganz ungewollt dem blauen Planeten Erde, sie weiß natürlich nicht, dass das die Erde ist. Doch es sieht paradiesisch aus, und sie wird magnetisch angezogen. Um besser betrachten und beobachten zu können, setzt sie sich auf eine Wolke. Sie sieht viele große Städte, doch dazwischen viel Grün und Blau. Die kleinen Gestalten laufen schnell hin und her, manche lachen, manche weinen.

Sie spürt, dass es nicht allen gut geht, das erinnert sie daran, dass sie noch Einiges zu lernen hätte. Wäre die Möglichkeit gegeben, auf diesem Planeten zu lernen? Nach einer Rücksprache mit ihrer übergeordneten Seele bekommt sie die Zustimmung, auf der Erde landen zu dürfen. Die Seele auf der Wolke beobachtet noch eine ganze Weile das Treiben auf der Erde und überlegt dabei, was sie noch alles zu lernen hätte und wer geeignet wäre, sie dabei zu unterstützen. Es müssten schon ein paar dumme Individuen sein, die sie nicht durchschauten, die sie für ihr Programm nutzen konnte. Die ihr keinen Spiegel vorhielten, sie in ihrem Vorhaben ganz und gar unterstützten.

Sie sah nun genauer auf die Erde, näher und näher kam sie. Gemäßigtes Klima und Wohlstand wäre ideal. Da ist doch ein ganz kleines Land mit fleißigen Menschen, der letzte Krieg ist auch schon eine Weile vorbei, hier geht es bergauf.
Interessante Gegend, und da, ja, da sehe ich ein Paar im besten Alter, sie 30 Jahre, er 33 Jahre, sie sind Dualpartner, also ihre Zukunft ist gesichert. Das Beste aber ist, es sind schon zwei Seelen da, sie wäre also das Nesthäkchen, mit allen Vorteilen.

Ein kurzer Test noch, sind Sie bereit? Ja, alles passt, es kann losgehen!

Es ist Anfang August 1973. Das Paar feiert seinen elften Hochzeitstag, diese Gelegenheit nutzt die Seele, um sich in die Familie einzuschleichen.

Sie nistet sich ein und macht es sich bequem, und sie merkt sehr bald, dass sie es gut getroffen hat. Sie wird ein Wunschkind.

Sie hat Urvertrauen und aus dieser guten Stimmung heraus wird sie etwas leichtsinnig. Sie nimmt sich für das kommende Leben auf Erden viel vor. Sie wird ein „Allergiekind" (ich bin gegen alles). Fast alle freuten sich auf das neue Kind. Damals konnte man während der Schwangerschaft noch nicht feststellen, welches Geschlecht das Kind haben wird. Doch eine war dagegen, die ältere Tochter wollte keine Geschwister mehr. Das teilte sie den Eltern auch mit. Am liebsten wäre sie ein Einzelkind gewesen. Das Sandwich-Kind hatte damit kein Problem, im Gegenteil, es freute sich auf das Geschwisterchen.

Die Seele wiegte sich im warmen Wasser, es ging ihr so gut, dass sie wuchs und gedieh wie kein anderes Kind davor. Irgendwann musste sie sich entschließen, diesen wunderbaren Ort zu verlassen, denn es wurde schon sehr eng und unbequem.

Mit 4,2 Kilo und 56 Zentimeter Länge hatte sie sich einen Vorsprung herausgeholt. Nur nichts überstürzen, einmal auf der Welt, kann ich nicht mehr zurück. Ja, wo bin ich denn da gelandet?

Es ist kalt, laut und soo viel grelles Licht, da bleibe ich nicht. Über Stunden mussten die Geburtshelfer ihr zureden hierzubleiben.

Das Leben der Seele auf diesem Planeten hatte einen dramatischen Beginn, denn auch der Mutterseele ging es schlecht, es war nur mehr der silberne Faden, der sie zusammenhielt. Die Mutter kämpfte um das Kind, war es falsch? Hätte sie damals schon loslassen sollen? Die Seele hätte gehen können, die Erfahrung wäre ihr nicht erspart geblieben, erst wenn wir alle Erfahrungen gemacht haben, können wir „heimkehren".

Monika brachte eine Tochter zur Welt, sie hatte alleine das Gewicht der beiden vor ihr Geborenen. Es heißt ja, wenn du die Geburt überstanden hast, hast du das Schlimmste schon hinter dir.
Nach dem Überlebenskampf durfte die Mutter das Baby in die Arme nehmen.
Die Seele, die jetzt materialisiert war, hatte das Licht der Welt erblickt, man taufte sie Susi.
Alle gratulierten dem Vater, aber leider wieder „nur" eine Tochter. Niemand fragte die Mutter, wie es ihr geht.
Die mittlere Tochter begrüßte den Neuankömmling mit Freude, die ältere Tochter war über die Ankunft nicht begeistert. Die Eifersucht war spürbar. Normaler Konkurrenzkampf unter Geschwistern war das nicht mehr.
Von einem normalen Säuglingsstress kann man nicht mehr sprechen, wenn das Kind allergiegeplagt ist. Zur damaligen Zeit waren Allergien noch sehr selten, beziehungsweise konnte man Vieles nicht als Allergie erkennen. Jeder Arztbesuch war von vornherein zwecklos und löste nur Frust aus.
Die Kuhmilch ließ man weg. Die Besserung war gleich null.
Der schlimmste Juckreiz war immer in der Nacht. Es musste beruhigt, gekratzt und gefüttert werden, damit die anderen Familienmitglieder schlafen konnten. Fünf Jahre keine durchgeschlafene Nacht. Eine Mutter-Kind-Bindung ist im Normalfall immer eine Enge. Durch die Neurodermitis, wie man die Krankheit viel später bezeichnete, kam es zu einer extremen Bindung zwischen Mutter und Kind. Adopische Dermatitis, wie man sie heute nennt, ist eine Entzündung der Haut, mit starkem Juckreiz und sehr stressabhängig.

Monika gab alles und noch viel mehr.

Aber es war nie genug.

Jedes Familienmitglied fordert sein Recht, als „Nur-Hausfrau" bist du verpflichtet, alle Wünsche zu erfüllen. Die Hausfrau erfüllt nach Möglichkeit alles, sie braucht auch ein Ziel, das ihr eine Lebensberechtigung gibt. Sie macht es gern, ohne Bezahlung und Dank.

Der Unterschied zwischen professioneller Arbeit und Hausfrauenarbeit liegt im Gefühlsmäßigen und in nie endenden Aufgaben, ob Tag oder Nacht. Es kommt immer auf die Person an, ob sie ihre Aufgaben genau oder oberflächlich wahrnimmt. Wie weit lässt sie sich ausbeuten, kann sie NEIN sagen? Wie wichtig werden alle genommen, und wie wichtig bin ich mir selbst? Stelle ich meine Bedürfnisse immer hinten an? Alles hat zwei Seiten, und gerade im Familienbereich sind die Möglichkeiten unbegrenzt. Eine große Vorbildwirkung hat die Ursprungsfamilie, wie war es da?

Natürlich sollte man sich nicht nur auf angelernte Möglichkeiten berufen. Die eigene Phantasie ist gefragt. Jedes Leben hält ein gewaltiges Potenzial an Veränderungsmöglichkeiten bereit. „Das war immer so", das war nie ein Lieblingsspruch von Monika. Es war nicht alles Gut, was einmal war, aber es war natürlich auch nicht alles schlecht. Dass Monika an Altruismus litt, erfuhr sie erst einige Jahrzehnte später (ich bin nur durch die anderen). Wie lassen sich Emanzipation und Altruismus vereinbaren?
Gar nicht!
Es war die Zeit der Emanzipation. Von vielen belächelt, gerade von Frauen, das schmerzte Monika besonders. Veränderung hat immer seine Gegner, und dass Männer ihre Privilegien nicht kampflos aufgeben werden, war auch klar. Aber was tat sich in Monikas Familie? Finanziell wurde es besser, obwohl man gewohnt war, den Schilling zusammenzuhalten. Eine Woche Winterurlaub war immer ein Gewaltakt: die Ausrüstungen, die Liftkarten etc. Zwei Wochen Sommerurlaub auf einem Bauernhof in Kärnten mussten reichen, dort konnte man in der Küche für die Familie kochen.

Es gab einen großen Herd, der noch beheizt wurde. Die Bäuerin hat selbst Brot gebacken und Butter gerührt. Es war das Paradies für die Kinder. Die mittlere Tochter war sehr viel krank, immer wieder Darminfektionen, ihre Appetitlosigkeit machte den Eltern immer viele Sorgen.

Die schulischen Aufgaben waren eine große Herausforderung für sie, und immer zu Schulschluss wurde sie krank. Eines Tages, sie hatte Lungenentzündung, beschloss man, für vier Wochen in die Kärntner Berge zu fahren, damit sich das kränkelnde Kind erholen konnte. Einmal schickte man sie sogar mit einer Kindergruppe ans Meer, um ihre Lunge zu stärken. Es half, es wurde besser.

Das, was der mittleren Tochter an Appetit fehlte, glich die ältere Tochter aus, sie aß gern und viel, zu viel. Isst ein Kind zu viel, ist es für Eltern noch schwieriger, als wenn es zu wenig isst. Die Auswirkungen waren schon zu sehen. Außerdem waren die schulischen Leistungen so schwach, dass sie immer wieder zu Reibereien führten. Sicher spielte ein Aufmerksamkeitsdefizit eine Rolle. Es fehlte an Kenntnis.

Wäre es möglich, in der Erziehung ALLES richtig zu machen? Diese Diskussion würde ein eigenes Buch füllen, Eltern sind auch nur Menschen mit den verschiedensten Prägungen.

Monika hatte die Verantwortung für die drei Kinder. Jeden Tag musste sie Entscheidungen treffen. Wie schwer das sein kann, hatte sie in ihrer Euphorie, eine Familie zu gründen, nicht gewusst. Niemand kann sich das in Wirklichkeit vorstellen. Niemand kann sich darauf vorbereiten. Denn es kommt immer anders. Kinder fordern, sie haben ein Recht auf alles, die Gratwanderungen beginnen. Die Überforderung artet dann oft in Ungerechtigkeit aus. Die Kinder sind womöglich nicht so, wie man sich das vorgestellt hat. Erst viel später versteht man manches, warum es so war und nicht anders. Man würde so manches anders machen, wenn man könnte, doch die Zeit ist vorbei, man hat es damals nicht besser gewusst. Man hat es doch gut gemeint. Niemand hat Schuld!

Die Prägungen aus der Kindheit wirken noch nach, es wird noch einige Jahre dauern, bis man bei vollem Verstand ist.
Doch es ist an der Zeit, Monikas Leben weiter zu erzählen und sich nicht immer in philosophischen Betrachtungen zu verlieren.

Ich bin,
ich bin jetzt,
ich bin jetzt Mensch,
ich bin gestern und morgen,
ich war, ich werde sein,
ich bin jung und alt,
ich bin schön und hässlich,
ich bin krank und gesund,
ich bin gut und böse,
ich bin glücklich und traurig,
ich bin Mutter und Kind,
ich bin fleißig und faul,
ich bin dick und dünn,
ich bin groß und klein,
ich bin unten und oben,
ich bin zärtlich und grob,
ich bin freundlich und unfreundlich,
ich bin schwarz und weiß,
ich bin rot und gelb.
Ich bin Frau und Mann,
ich bin großzügig und geizig,
ich bin liebevoll und missmutig,
ich bin gescheit und dumm,
ich bin schuldig und unschuldig,
ich liebe und hasse,
ich bin stark und schwach,
ich bin treu und untreu,
ich bin wild und sanft,
ich bin Himmel und Hölle,
ich bin Gott und Teufel,
ich bin Sonne und Mond,

> ich bin Baum und Strauch,
> ich bin Erde und Wasser,
> ich bin Tag und Nacht,
> ich bin Gedanke und Gefühl,
> ich bin ALLES, so wie du!
> M. S.

Die jüngste Tochter verlangte sehr viel Aufmerksamkeit, die zwei älteren Geschwister kamen zu kurz. Irgendjemand kam immer zu kurz. Wie machen es Mütter mit vielen Kindern? Die zwei Größeren entsprachen nicht Monikas Erwartungen in den schulischen Leistungen. Das, was sie nie brachte, erwartete sie von ihren Kindern. Sie machte mit den Kindern die Hausaufgaben, übte und lernte mit ihnen. Der Erfolg war mäßig. Die Kinder wurden betreut und behütet, gepflegt und gut ernährt. Die Mittlere wollte nach wie vor nicht essen, es war ein täglicher Kampf, die Ältere aß dafür zu viel, das war noch ein größerer Kampf. Man sparte, fuhr jedoch immer in Urlaub und bot den Kindern, was möglich war, wie z. B. Ausflüge und Wanderungen. Monika nähte die Kleider für die Kinder, um das Budget zu schonen, sie ging putzen, um das Budget aufzubessern. Der Ehemann ging seinen Hobbys nach, im Chor singen, turnen, Fußballspielen.
Monika trat auch einem Turnverein bei, außerdem wurde ein Grundstück gekauft, das von nun an bearbeitet werden musste, aber natürlich auch der Erholung diente. Es wurde bepflanzt und ein großer Gemüsegarten angelegt. Ein Brunnen musste gegraben werden, denn für alles brauchte man Wasser. Arbeit war für Monika das Selbstverständlichste auf der Welt.

Es dauerte noch lang, bis Monika begriff, dass Männer nicht sehr belastbar sind. Sie meinte, dieses Manko ausgleichen zu können oder zu müssen. Sollte sie Fehler in ihrem Leben gemacht haben, so war das ihr größter. Männer brauchen IHRE Vereine oder Clubs, Frauen nicht.

Mit großer Unterstützung schaffte die älteste Tochter die Pflichtschule. Die ersten pubertären Schübe hingen stark mit Eifersucht zusammen.

Die Begabung lag im musikalischen Bereich. Dafür eignete sich ein Schultyp, die Kindergärtnerinnen Schule. Daneben gab es noch Unterricht im Konservatorium für Gitarre und Klavier. Die musikalische Seite kam vom Vater. Auch er hatte Klavierunterricht genossen, und er war ja Musikinstrumentenmacher, er spielte auch einige Jahre Trompete.

> Die höchste Form des Glücks ist ein Leben
> mit einem gewissen Grad an Verrücktheit!

16

Die älteste Tochter, Mizi, kam ins „Beziehungsalter", das war nun die Gelegenheit, die Eltern für ihr „Fehlverhalten" zu bestrafen, das tut man am besten, wenn man sich einen Gleichgesinnten zum Freund nimmt. Nennen wir ihn Sepp. Am Beginn der Beziehung sehr nett, man gibt sich bedauernswert, man hat für alles Verständnis, denn man hatte eine schlechte Kindheit, geschieden, einen Sohn, die Exfrau in jeder Weise schuldig, ein richtiger Schleimer.
Was sagt man zu diesem Zeitpunkt, wenn aus einer solchen Verbindung ein Kind entsteht? Dieses Kind wurde nicht aus Liebe gezeugt, es wurde von Anfang an benutzt. Eine schwere Aufgabe für das Kind, es weiß ja nicht Bescheid. Monika war wieder gefragt. Zwei Jahre dauerte die intensive Zeit mit dem Enkelkind. In dieser Zeit wurde Mizi vom Partner gedemütigt und geschlagen, einfach niedergemacht, um selbst größer zu erscheinen. Was können Eltern in so einer Situation machen? Ja richtig, nicht viel bis gar nichts. Beschützt man sein Kind, indem man auch Gewalt anwendet? Ich glaube es nicht. Monika und ihr Mann taten es nicht, sie hofften, dass Mizi eines Tages selbst genug davon hat und halbwegs unbeschadet davon kommen würde. Doch davor verlangte Mizi von ihren Eltern noch, dass sie sich beim Gewalttäter entschuldigten (für was, wussten sie nicht), damit er sie nicht verlässt. Damit konnten die Eltern nicht dienen, denn ein Schrecken mit Ende ist besser als ein Schrecken ohne Ende.

Vor diesem Ende wurden auch die Eltern noch geschlagen; daraufhin brach zum ersten Mal eine Welt zusammen. Sie durften das Enkelkind nicht mehr sehen. Festgeklammert an Oma, wurde das Kind von den Eltern weggerissen.

> In welcher Situation wir uns auch befinden,
> es ist immer möglich, etwas Positives zu finden.
> Dalai Lama

Jetzt, nach 26 Jahren, sieht Monika das auch so, damals nicht.
Die Basis für eine noch schlimmere Zeit wurde gelegt. In dieser tiefen Depression kann man sich nicht vorstellen, dass es noch schlimmer kommen kann, man wäre auch überfordert und würde es nicht aushalten. Es ist im Leben weise eingeteilt, die Schläge kommen meistens nacheinander.

Doch sie kommen, und sie kamen.
Es war ja nicht so, dass Monikas Stress sich nicht auf ihren Körper ausgewirkt hätte.
Die jüngste Tochter kam mit einem Gendefekt zur Welt, der die Nerven der Mutter stark strapazierte. Über diese Krankheit gibt es eigene Bücher. Dazu kam, dass man vor vierzig Jahren über Hautkrankheiten so gut wie keine Kenntnisse hatte. Monika hatte dieselbe Krankheit im Babyalter gehabt, sie erinnerte sich, dass die Mutter öfter sagte, sie habe den „Vierziger" gehabt. Was immer das heißen mag, man nannte sie so. Vierzig Tage, vierzig Wochen oder vierzig Jahre könnte der Hautausschlag dauern. Monika konnte sich nicht mehr an eine Krankheit erinnern, folglich konnte es nicht sehr lang gedauert haben.
Durch die stressbelastete Situation kam das Ekzem wieder. Neurodermitis nannte man es damals. Mit jedem Jahr wurde es schlimmer, die familiären Probleme trugen nicht zu einer Besserung bei. Viele Arztbesuche, schulmedizinisch, alternativ, immer dieselbe Aussage: Das müssen Sie sich behalten. Schlaflose Nächte und Partnerprobleme. Der Körper gab einfach Zeichen, das war schon klar, doch was galt es zu ändern?

Veränderung, das Schwierigste überhaupt im Leben.

Veränderung kann erst passieren, wenn der Leidensdruck nicht mehr auszuhalten ist. Er kam, dieser Moment, nach einem dreiwöchigen Aufenthalt am Meer, bei dem der Tod schon näher war als das Leben. Bei einem Aufenthalt in den Bergen erkannte Monika, dass sich im Außen nichts ändern konnte. Egal wo du auch bist, du nimmst immer ALLES mit.

Krankenhausaufhalte, Kuren, es gab immer nur kurzfristige Erleichterung. Wer hat dir das damals gesagt? Die Frau Dozent verschreibt die verschiedensten Cortisonsalben, wer dachte schon an eine andere Ernährung? Und die Psyche?

Monika begann, das tierische Eiweiß wegzulassen, und sie suchte sich eine Arbeit, mit schlechtem Gewissen der letzten Tochter gegenüber, die ja noch zur Schule ging. In einer Sportbekleidung herstellenden Fabrik arbeitete Monika im Akkord. Nach heutigem Geld drei Euro die Stunde. Endlich wurde sie für ihre Leistung bezahlt, nicht viel, aber doch.

Mit dem ersten Lohn in der Tasche ging sie durch die Stadt, mit dem Gefühl, das und vielleicht auch das könnte ich mir kaufen. Es war ein unbeschreiblich erhebendes Gefühl.

Der Selbstwert wurde mehr, und die Krankheit wurde weniger. Es dauerte sicher noch ein Jahr, doch der Durchbruch war geschafft.

> Sei stolz auf dich und glaube an dich.

Es ist ein Privileg und eine Verpflichtung, ein Mensch zu sein. Nutze dieses Geschenk, um deine Fähigkeiten zu entfalten und dich weiterzuentwickeln! Vor allem aber: Glaube an dich, nicht jedoch an den Menschen, der du glaubst, sein zu müssen, sondern an den, der du wirklich bist oder sein möchtest. Finde zu dir selbst, gehe DEINEN Weg und glaube an dich und deine Träume, nutze die Chancen, die dir das Leben bietet!

Ich habe gelernt …
Ich habe gelernt zu stehen,
ich habe gelernt zu gehen,
ich habe gelernt zu sehen,
ich habe gelernt zu akzeptieren,
ich habe gelernt zu lernen,
ich habe gelernt zu träumen,
ich habe gelernt zu glauben,
ich habe gelernt, zu glauben an meine Träume,
ich habe gelernt, zu spüren meine Gefühle,
ich habe gelernt, zu spüren meine Wünsche,
ich habe gelernt, zu spüren die Wünsche meines Herzens,
ich habe gelernt zu lieben,
ich habe gelernt, verletzlich zu bleiben,
ich habe gelernt, Gott zu vertrauen,
ich habe gelernt, den Schmerz zu lieben,
ich habe gelernt, auf dem Weg zu sein,
ich habe gelernt, auf dem Weg zu bleiben,
denn nur, wenn ich auf dem Weg bin, bin ich am Ziel!
M. S.

17

Das Geld, das Monika nun verdiente, konnte man gut brauchen. Zum Glück war Monika das sparsame Wirtschaften gewohnt. Das Nähen für die Kinder wurde weniger, denn es entsprach nicht mehr den modischen Wünschen der Kinder.

Die Zeit heilt nicht alle Wunden, doch man kann nicht immer leiden. Man versucht, sich auf etwas anderes zu konzentrieren, und in den Nächten denkt man darüber nach, was man falsch gemacht hat. Das ist die Frage, die niemals aufhört. Ja, man hat sicher etwas falsch gemacht, doch die Zeit ist vorbei, man hat es nicht besser gewusst. Auch Eltern sind nur Menschen mit Schwächen und Fehlern.

Der gerechte Ausgleich kommt, wenn die Kinder Kinder bekommen, oft wird erst dann die Beziehung zu den eigenen Eltern wieder besser, weil sie bemerken, dass es nicht so leicht ist, Kinder zu erziehen.

Die mittlere Tochter war anscheinend die unproblematischste. Nennen wir sie Rosi, die, die nichts essen wollte. Sie schaffte den normalen Schulabschluss mit Hilfe der Eltern. Körperlich nicht sehr stark, wollte sie doch einen Beruf erlernen, der genau das erforderte. Die Eltern meinten, eine Lehre in einem Büro wäre das Richtige für sie. Doch was verstehen die Eltern schon, wenn das Kind etwas anderes will? Sie wollte Konditorin werden, und so suchte man eine Lehrstelle in der Nähe. Da man nicht gleich etwas Passendes fand, musste das Kind in eine weiterbildende Schule gehen. Doch relativ bald wurde eine Lehrstelle frei, leider kannte man den Grund nicht. Hätte man ihn gewusst, wären die darauffolgenden Monate nicht nötig gewesen. Erst jetzt weiß Monika, dass ALLES einen Sinn hat und notwendig ist.

Der Meister und Besitzer der Konditorei war dem Alkohol zugetan, und eine Insolvenz stand bevor. Wieder musste das Kind in die Schule gehen, doch nicht für lange, Zeit eine weitere Chance tat sich auf. Dieses Mal klappte alles.

Rosi erlernte den Beruf der Konditorin, war aber körperlich sehr oft überfordert. Die Berufsaussichten mit dieser Qualifikation sind nicht gut bis unmöglich. Fast alle Konditoren landen in einer Fabrik und arbeiten schließlich im Akkord.
Ja, richtig, nicht weniger anstrengend, aber irgendetwas muss der Mensch arbeiten.

Rosi lernte einen Bäcker kennen, nennen wir ihn Kurt, mit ihm zog sie in eine Wohnung, ganz in der Nähe der Schwiegermutter in spe. Einige Jahre verliefen relativ ruhig, bis sich herausstellte, dass der Schwiegersohn auch sehr oft durstig (Alkohol) war und in diesem Zusammenhang sehr unangenehm werden konnte. Wobei er sich immer nur Rosi gegenüber so zeigte. Rosi beklagte sich sehr oft bei ihren Eltern und natürlich auch bei der Schwiegermutter. Diese kam jedoch mit der Aussage, das sei eben Kurts Hobby.

Ein Kind sollte die problematische Lage verbessern.
Hat ein Kind schon einmal eine Beziehung gerettet?
Es kam: kleinwinzig, aber gesund. Wie wir alle wissen, braucht ein Frühchen mit 1,7 Kilogramm noch mehr Betreuung und Pflege als ein so genanntes normalgewichtiges Neugeborenes. Die Mutter war von Anfang an überfordert, doch die Schwiegermutter in ihrer aufopfernden Art übernahm viel und gern die Pflege und Versorgung von Mimi. Das Kind wuchs der Oma ans Herz und umgekehrt. Rosi war ständig mit Mimi und Partner überfordert, deshalb beklagte sie sich noch öfter bei ihren Eltern. Die Situation eskalierte eines Tages, als sich Rosi ins Krankenhaus legte, das Kind der Schwiegermutter überließ. Rosi war nicht fähig, einen Schlussstrich zu ziehen, Monika musste das übernehmen. Sie tat es, obwohl ihr nicht sehr wohl dabei war.

Wieder einmal eine Trennung, aber notwendig. Die Not musste abgewendet werden.

Die Trennung wurde vollzogen, mit allen unangenehmen Erscheinungen, die sich daraus ergeben, aber es war ein Schrecken mit Ende.
Der Expartner wohnt seitdem wieder bei seiner Mutter, sie erleidet seitdem die Folgen seines Hobbys.
Die Familie neigt dazu die „Schuld bei jemand anderen zu suchen, nur nicht bei sich selbst.
Der Expartner versinkt in Selbstmitleid!

Monika hat drei Töchter, wie viel Trennungsschmerz da zusammenkam, kann man sich ungefähr ausrechnen.
Was wird als Nächstes kommen? Wann müssen wir wieder Feuerwehr spielen? Es hörte einfach nicht auf. Es gab immer wieder Notfälle.

    Mache das Beste aus deiner Vergangenheit.

18

Susi, die jüngste Tochter, hatte nicht nur Neurodermitis in sehr ausgeprägter Form, es kam auch noch Heuschnupfen und Asthma dazu. Dass einem kranken Kind sehr viel Aufmerksamkeit zukommt, ist nicht neu. Dass das den Geschwistern nicht entging, ist klar. Sie rebellierten, jedes Kind auf seine Art und Weise. Die Mutter, eine harmoniesüchtige und ständig über ihre Grenzen gehende Seele, war überfordert. Sie versuchte, es jedem recht zu machen, was ihr Körper mit enormen Neurodermitisschüben quittierte. Der Machtkampf zwischen Körper und Verstand wurde immer härter.
Und der Machtkampf unter den Geschwistern auch. Die Mutter verstand die Welt nicht mehr. Sie kannte aus ihrer Kindheit keine Eifersucht, obwohl sie drei Geschwister hatte, eines davon sechs Jahre jünger.
Monika stellte die Familie über ihre Bedürfnisse. Es war ihr wichtig, alle glücklich zu machen.
Aus der Aufopferung Anerkennung beziehen. Es war ihr freier Wille, niemand hat sie dazu gezwungen, es gab keine „Schuldigen".
Nach dem Motto: Erst wenn du alle glücklich gemacht hast, hast du eine Lebensberechtigung.
Es ist immer das zu geringe Selbstwertgefühl.
Um genau diese Aufgabe im Leben von Monika geht es. Sie musste lernen, dass niemand jemand anderen glücklich machen kann, denn dafür ist jeder selbst verantwortlich.
Wir können uns NUR SELBST glücklich machen.
Monikas Lernprozess war schmerzlich, aber wirksam. Lange hat es gedauert, aber sie hat es begriffen.
Die Mutter-Kind-Bindung würde ich heute als pathologisch bezeichnen. Susi wollte weder zu einer Freundin noch zu einer Geburtstagsparty noch zu einem Ausflug ohne Eltern gehen.

Bei einem vierwöchigen Sprachkurs in Spanien verwendete Susi ihr Taschengeld nur für Anrufe nach Hause. Die Studienzeit rückte näher, doch wie schon geahnt, es wurde eine Studienrichtung ausgewählt, die in der nächstgelegenen Stadt geboten wurde. Ein Zimmer ganz in der Nähe der Universität wurde nicht angenommen.

Man kann bequem in einer Stunde mit dem Zug vom Heimatort in die Universitätsstadt fahren. Ein Anruf genügt, und die Mutter holt das Kind vom Bahnhof ab. Studiert wird fleißig, ausgegangen wird auch, das Rauchen muss auch sein. Der Kontakt zum anderen Geschlecht beginnt, intensiver zu werden. Es beginnt eine unendliche Geschichte mit wechselnden Partnern. Den ersten Liebeskummer bereitete ein Tennispartner.
Vorausschicken muss man, dass es keine menschliche Bewertung gibt, jeder Mensch ist gleich viel wert.

Doch der nächste Freund war gesellschaftlich gesehen auf der untersten Stufe. In den verschiedensten Kinderheimen, in denen er angeblich missbraucht wurde, groß geworden, lernte er, sich durchzusetzen. Er lernte lügen und stehlen, nur keinen Beruf. Um das Leben erträglich zu machen, eignete er sich die verschiedensten Süchte an. Eine davon war die Kaufsucht, die ihn letzten Endes einmal ins Gefängnis brachte, weil er so viel Schulden hatte.

Susi stellte das Ansinnen an ihre Eltern, sie sollten die Schulden ihres Freundes begleichen, denn dieser wurde überhäuft mit Mahnungen von Inkassobüros. Monika und ihr Mann hatten das fällige Geld nicht gehabt, denn es wäre auch nicht sinnvoll gewesen, dem jungen Mann die Verantwortung für sein Tun abzunehmen.

Außerdem wollte Susi mit ihrem Freund, nennen wir ihn Michael, in eine eigene Wohnung ziehen. Auch die mussten letzten Endes die Eltern finanzieren.

Die Eltern besorgten für den jungen Mann einen Job. Dann musste er zum Militär, Monika löste seine Wohnung auf und übernahm seine Katze. Nach dem Militär organisierte man einen Berufsabschluss. Um von den Schulden schneller herunterzukommen, musste der junge Mann vor seinem eigentlichen Arbeitsbeginn Zeitungen austragen. Letzten Endes zogen die Jungen bei den Eltern ein, denn das Geld kam den Schuldnern zugute. Dem jungen Mann wurde der Lohn gepfändet, er war auf das Minimum beschnitten, um seinen Kaufdrang zu befriedigen, ging er einmal zu Monika in die Schneiderei, in der sie damals gearbeitet hatte und bettelte um Geld, dann ging er wiederum zu Fredi in die Arbeit und verlangte Geld.
Der Verlag, für den Michael die Zeitungen austragen musste, beschwerte sich ständig über die Unzuverlässigkeit von Michael. Um die Zeitungsabonnenten zufriedenzustellen, gingen nun Monika, Fredi, Susi und Michael die Zeitungen auszutragen. Das hieß täglich zwischen drei und vier Uhr morgens aufstehen und anschließend in die normale Arbeit. Die Beziehung der Jungen litt unter der Stresssituation, sie ging in Brüche. Die Tochter wollte den Freund nicht mehr in ihrem Zimmer haben. Monika konnte ihn nicht von einer Minute zur anderen auf die Straße setzen. Er lebte und schlief von nun an im kleinen Schlafzimmer der Eltern, denn das eigentliche, große Schlafzimmer wurde schon vor Jahren den Kindern überlassen. Eine Matratze wurde organisiert. Diese vor das Bett von Fredi gelegt. Manchmal stieg Fredi Michael beim Aufstehen ins Gesicht, denn die Matratze mit dem Schläfer lag direkt vor seinem Bett. Es war dann jede Nacht das gleiche Ritual. Um drei Uhr läutete der Wecker, Monika stand auf machte Kaffee, weckte Fredi und Michael. Aber Michael wollte nicht aufstehen, er hasste Monikas Stimme. Michael und die Eltern fuhren los, die Zeitungen zu verteilen, Susi nicht, denn das Paar hat sich getrennt, und Susi sah keine Verpflichtung mehr, ihrem Ex-Freund zu helfen. Es wurde Herbst, das Wetter dementsprechend schlecht.

Einige Male landete Monika auf dem Glatteis.

Den Eltern wurde inzwischen klar, dass Michael schwul war. Er kaufte nach wie vor ständig ein, unter anderem einen Schminkkoffer, von dem jedes Mädchen nur träumen konnte.
Es gab noch eine Steigerung. Mitte Dezember starb Monikas Vater. Man verabschiedete ihn am Steyrer Friedhof und ging anschließend in ein Gasthaus zum Leichenschmaus Als die Familie am Abend nach Hause kam, war der Hausarzt von Michael anwesend. Er erklärt, dass Michael selbstmordgefährdet sei und sofort in ein Krankenhaus gebracht werden müsse.

Bei dichtestem Schneetreiben fuhr Fredi mit Michael im Krankenwagen in die Landeshauptstadt, in der sich eine Psychiatrie befindet. Er war die halbe Nacht unterwegs. Anschließend gingen Monika und Fredi die Zeitungen austragen, denn die Leser warteten.
Von nun an erledigten die Eltern den Zeitungsjob, gingen zur Arbeit und besuchten am Wochenende auch noch Michael im Krankenhaus.

Mit Ende des Jahres kündigte man den Vertrag mit dem Verlag, sammelte die Kuverts mit den Trinkgeldern noch ein und brachte alles Michael ins Krankenhaus, damit er seine Schulden begleichen konnte, was nicht wirklich passierte. Die Eltern legten Michael nahe, als er aus dem Krankenhaus nach Hause kam, sich eine Wohnung zu suchen.
Ganz in der Nähe der Eltern wurde ein neuer Wohnblock gebaut. Als dieser fertig war, wollte Susi eine Mansarde beziehen, dies tat sie auch, jedoch ohne Einverständnis des Vaters. Mutter finanzierte alles. Michael zog kurzfristig bei Susi ein.
Als das Verhältnis endgültig beendet war, nahm Michael noch den Computer mit.
Susi schloss in Rekordzeit das Wirtschaftsstudium ab und bekam fast sofort einen gut dotierten Posten.
Es kam der „Kronenzeitung-Leser". Er war Maler von Beruf, ihn interessierte nur Sport, hauptsächlich aus der Kronenzeitung. Als diese kurze Episode beendet war, brach abermals eine Welt zu-

sammen. Monika litt wieder einmal, doch der nächste Verehrer war schon angelacht.

Der Job und das Vergnügen spielten sich in der vierzig Kilometer weit entfernten Stadt ab, daher brauchte Susi ein Auto. Wer überredete den Vater, Geld locker zu machen, ganz richtig, Monika.

Ich habe drei Schätze, die ich hüte und hege.

Der eine ist die Liebe,
der zweite ist die Genügsamkeit,
der Dritte ist die Demut.

Nur der Liebende ist mutig,
nur der Genügsame ist großzügig,
nur der Demütige ist fähig zu herrschen.
Laotse

19

Es kam wieder ein „schöner" Mann. Das Kind wurde nie für die Wahl ihrer Männer kritisiert, sie durfte ihre Fehler machen. Und dass das ein Fehler war, war klar zu sehen. Aus einem „guten Haus" stammend, war der junge Mann, nennen wir ihn Chris, nicht leistungsorientiert. Eine Ausbildung zum Krankenpfleger wurde drei Monate vor dem vorgesehenen Berufsabschluss abgebrochen. Seine Hauptbeschäftigung war nächtelanges, vernetztes Computerspiel und Sex in exzessiver Form. Susi bezog in der Nähe von Chris eine kleine eigene Wohnung. Die Eltern erledigen den Umzug, richteten die Wohnung ein und pflegten sie. Das war nun die große Liebe für Susi, zur Bestätigung musste eine Seele auf der Bildfläche erscheinen.
Die Eltern luden die Kinder zu einer Geburtstagsfeier, auch Chris, doch dieser hatte eine durchzechte Nacht hinter sich, auch war er nicht ansprechbar. Bei der Geburtstagsfeier erfuhren die Eltern von Susis Schwangerschaft.
Die Eltern brachen nicht in Jubel aus.
Es wurde eine gemeinsame, größere Wohnung gesucht und gefunden, die Eltern halfen wieder beim Übersiedeln, putzten und zahlten.
Da sich Chris nicht von seinem PC trennen konnte, fuhr Susi mit einer Freundin nach Griechenland, um noch einmal einen unbeschwerten Urlaub ohne Kind zu genießen. Als Susi aus dem Urlaub nach Hause kam, hing da unbekanntes Gewand in der Garderobe. Auf dieses angesprochen, leugnete Chris nicht, Damenbesuch gehabt zu haben und stellte dieses als ganz normale Sache dar.

Man suchte eine passende Wohnung für Susi. Man fand, übersiedelte u.s.w. Beim Aufräumen ihrer Sachen fand Susi noch ein Notizbuch von Chris, in dem sämtliche Frauen angeführt waren, mit denen Chris mindestens einmal Sex gehabt hatte.

Es waren einig hunderte, daneben eine Bewertungsskala der Sexualität der Probandinnen. In dieser Skala kam Susi unter ferner liefen vor.
Es kam für die Eltern eine schwere Zeit, denn Susi veränderte sich, es wurde durch den Schock ein schizophrenes Verhalten ausgelöst. Der Geburtstermin kam, der Erzeuger musste her.

Er kam sogar und war auch bei der schweren Geburt anwesend. Er hatte Zeit, mit der Hebamme zu flirten. Er sah sein Kind noch einmal bei der Taufe, die wieder von den Eltern finanziert wurde.

Konnte jemals eine Beziehung durch ein Kind gerettet werden? Die Eltern machten sich um Mutter und Kind Sorgen.
Zu Recht, denn die junge Mutter hatte nun keine sozialen Kontakte mehr, außer einem Alternativmediziner, der von ihr verlangte, sie müsse sich von den Eltern lossagen, um gesund und glücklich zu werden. Susi verweigerte von nun an den Kontakt zu ihren Eltern, ging nicht ans Telefon, man wusste nichts. Bei den so genannten Beratungsstellen sagte man den Eltern: Ihr Kind ist erwachsen, lassen sie es los.

Viele schlaflose Nächte folgten.

Erst viel später stellte sich heraus, dass das Enkelkind dessen Leben noch am seidenen Faden hing in ein Krankenhaus gekommen war die Mutter hatte es fast verhungern lassen, eine Ernährungsberaterin wurde ihr zur Seite gestellt.
Eines Tages kam ein Anruf: Kommt, ich möchte mit euch reden.

Hoffnung.

Die Eltern kamen in die Wohnung, als das Enkelkind, nicht sehr gut aussehend, von einer jungen Frau abgeholt wurde.
Die Eltern wurden nun eine halbe Stunde angebrüllt, ohne irgendeinen Inhalt, dann wurden sie der Wohnung verwiesen.

Man spricht nicht darüber, denn man schämt sich. Die Grübeleien beginnen, was man falsch gemacht hat. Was kann ich tun, um nicht in einem schwarzen Loch zu versinken? Wer könnte mir helfen?
In diesen Momenten wird dir klar, es gibt keine Hilfe, wahrscheinlich ist es die Aufgabe deines Lebens.

Die Liebe
Lassen wir uns doch auf sie ein,
ohne sie sind wir ganz klein,
wir sind mutlos und traurig,
frustriert und deprimiert,
wir haben keinen Antrieb,
es fällt uns alles schwer,
wir fühlen uns einfach leer,
die Tage sind so grau,
nicht umsonst ist sie eine Frau,
die alles umfassende Liebe!
M. S.

20

Monika verstand die Welt nicht mehr. Gott sei Dank hat sie in dieser Zeit die Ausbildung zum Lebensberater gemacht. Mit diesen Theorien konnte sie sich identifizieren. Wenn man etwas versteht, wird der Schmerz erträglicher.
Monika hatte schon vor Jahren versucht, im Glauben ein Verstehen zu finden, doch die Art und Weise, wie die Kirche mit den Gläubigen umgeht, konnte sie nicht nachvollziehen.

Die Theorie des Lebensberaters ist:
Keine Dogmen, sondern Spielregeln.
Dass es im Leben Spielregeln geben muss, ist klar.
Nicht so klar ist für viele jedoch nicht dass man sich an Spielregeln halten muss, denn halte ich mich nicht daran, habe ich die Konsequenzen zu tragen.

ICH, ganz alleine.

Das ist die Freiheit, nach der sich die meisten Menschen sehnen. Dass die Freiheit ihren Preis hat, ist selbstverständlich. Es fällt viel Gewohntes und Sicheres weg.
„Die Furcht vor der Freiheit" ... Erich Fromm, muss man unbedingt gelesen haben, um zu verstehen, dass 99 Prozent der Menschheit die Unfreiheit vorziehen und in ihrem ganzen Leben nichts ändern würden. Wer würde schon wegen ein paar Schlägen das Gewohnte verlassen?
Was hat sich in den letzten hundert Jahren in der Welt verändert? Es gibt noch immer Konflikte und Kriege.
Wie sehr müssen Frauen um ihre Gleichberechtigung, Gleichstellung kämpfen?
Männer werden doch nicht freiwillig ihren Thron verlassen.
Es gäbe genug Vorkämpfer, auch unter den Männern, sie haben genug Zulauf, doch wer müsste diese Theorien in der Praxis um-

setzen, die Frauen, sie müssen noch immer die Hauptlast in der Familie tragen, so sind sie auch überfordert und müde.

Der Weltschmerz wird zumindest erträglich, und die Hoffnung stirbt zuletzt.

Zwei Jahre gibt es keinen Kontakt zwischen Eltern, Kind und Enkelkind.
Man versucht, Kontakt herzustellen, welch Wunder, es gelingt.

Neue Wohnung, neue Umgebung, furchtbares Chaos in der Wohnung, Monika versucht mit Susis Zustimmung, Sauberkeit und Ordnung in der Wohnung herzustellen. Sie macht es gern, das Enkelkind ist überglücklich.
Eine Szene nur als Beispiel: Die Kleine, Klara, sollte zu einer Babysitterin gebracht werden, doch sie klammert sich an die Autotüre, so lang, bis die Mutter erlaubt, dass sie bei den Großeltern bleibt.
Wie schon einmal erwähnt, bei Schizophrenie gibt es nur HEISS und KALT.

Ein Wort zu viel oder zu wenig, man weiß es nicht, man wird beschimpft und niedergeschrien. Man findet keine Worte mehr und zieht sich zurück, um die Situation nicht eskalieren zu lassen. Es ist nicht so, dass man sich an solche Ausbrüche gewöhnt, man fragt sich erneut, was man falsch gemacht hat.
Wieder eineinhalb Jahre kein Kontakt. Neuer Versuch, vielleicht hat sich die Krankheit gebessert.
Monika kommt zu dem Schluss, dass Kinder genau wissen, dass Eltern immer hinter ihnen stehen, ganz egal, wie schlecht man sie behandelt.
Kann das jemand bestätigen?
Ich denke, viele können das. Wer lässt schon sein eigenes Fleisch und Blut fallen? Die Eltern wissen natürlich, dass die Tochter finanziell nicht gut dasteht, sie verrichtet unterqualifizierte Jobs, das Kind geht in die Krabbelstube. Monika hat viele Herzschmerzen.

Ganz egal, wie schlecht sie behandelt wird, sie MUSS helfen. Ihr Mann versteht es sehr oft nicht und macht ihr deshalb Vorwürfe. Erneut kurzzeitiger Kontakt. Erneut zwei Jahre PAUSE.

Solange du dem anderen
sein Anderssein nicht verzeihen kannst,
bist du noch weit ab vom Weg der Weisheit.
Chinesisches Sprichwort

~~

Monika muss beim Schreiben ihrer Lebensgeschichte immer wieder Pausen einlegen. Obwohl es zur Aufarbeitung beiträgt, ist die Erinnerung sehr schmerzhaft und teilweise unerträglich. Alles, was erfolgreich verdrängt wurde, muss hervorgeholt werden und der Schmerz ist der gleiche. Muss sie sich das antun? Ich glaube schon.

21

Monikas Mann hat Geburtstag. Im Garten wird gefeiert, mit der älteren und der mittleren Tochter und den Enkelkindern. Monika besaß damals noch kein Handy und so hat jemand in gebrochenen Deutsch auf den Anrufbeantworter gesprochen. Jemand gratuliert Fredi zum Geburtstag und wünscht, ihn kennen zu lernen.
Es beginnt wieder eine Zeit der Hoffnung. Man erfährt, dass Susi in Tunesien Urlaub gemacht hat. In dem Hotel hat sich ein junger Tunesier sehr um die Enkeltochter Klara bemüht und natürlich auch um Susi.
Sie wird sogar schon in die Familie mitgenommen. Was in dem Kulturkreis einem Heiratsantrag gleichkommt.
Susi fährt nach Hause, borgt sich Geld von der Bank, fährt wieder nach Tunesien und heiratet den jungen Mann. Nennen wir ihn Franz, das Pseudonym für den arabischen Namen.
Nach einem halben Jahr darf er als Asylant in Österreich einreisen. Er war in Tunesien im Tourismus beschäftigt und glaubte, damit in Österreich punkten zu können.
Klara, die Enkeltochter, besucht inzwischen die Volksschule.
Susi arbeitet und trägt die Hauptlast des Familieneinkommens. Eines Tages hat sie eine Fehlgeburt.
In der zweiten Volksschulklasse darf Klara nicht mehr den Religionsunterricht besuchen. Sie bittet die Großeltern, doch mit ihrer Mama darüber zu reden, denn sie liebt ihre Frau Religionslehrerin, und sie möchte soo gern bei den Großeltern übernachten.
Die Großeltern versuchen zu vermitteln. Als sie Susi baten, sie doch im Religionsunterricht zu belassen, ist wieder die Hölle los. Man müsste es eigentlich besser wissen, man hat als Eltern keine Meinung zu haben.
Susi ist wieder schwanger, daher ist man noch viel vorsichtiger mit den Argumenten.

Im vergangenen Sommer waren die Eltern in Tunesien. Eine Schwester des tunesischen Schwiegersohns heiratet, sie muss vom älteren Bruder dem Bräutigam übergeben werden.

Monika und Fredi waren zur Hauptzeremonie eingeladen. Die Hochzeit dauert insgesamt eine Woche.
Fredi filmte die Zeremonie und die Feier.
Monika erstellt mehrere DVDs, auch für die tunesische Verwandtschaft.
Eines Tages überbringt Monika die DVD ihrer Tochter, in der Hoffnung auf ein normales Gespräch, doch leider, sie wird zur Türe hinausgestoßen, so dass sie gegen die Türschnalle der gegenüberliegenden Türe stürzt. Die Folge sind zwei gebrochene Rippen, lange, viele Schmerzen folgten.
Wenn man von solchen Geschichten hört, denkt man sich, warum lässt sich die oder der, das alles gefallen, warum macht sie nichts dagegen?
Ich glaube, es ist die Scham, man geniert sich einfach, man hat ja versagt.
Der Hausarzt sagt: Holen Sie sich professionelle Hilfe!
Wie kann so eine Hilfe aussehen?
Wie viel kann man eigentlich ertragen?

Das Weihnachtsfest naht, Monika erfährt von Klaras Lehrerin, dass sie beim Krippenspiel in der Kirche mitspielen darf. Sie kauft Geschenke und macht Packerl, vielleicht sieht sie ja das Kind. Ja, sie hat es gesehen, am Ende der Aufführung, sie hat es angesprochen, aber das Kind hat sich abgewandt und ist zur hochschwangeren Mutter gelaufen.
Diese hat sofort zu schreien begonnen, hat auf Monika von hinten mit den Worten eingeschlagen: Wenn du dich noch einmal blicken lässt, bringe ich dich um! Bis zum Ausgang wurde das fortgesetzt. Monika hat schnellstens die Kirche verlassen. Es war Heiliger Abend. Fredi hat beim Auto auf Monika gewartet. Sie erzählt nichts, denn sie war in einem Schockzustand, sie fuhren zur mittleren Tochter und feierten dort Heiliaabend.

Die Aktion in der Stiftskirche war tagelang Gesprächsstoff in dem Ort, Susi sollte sich besser dort nicht mehr blicken lassen.
Monika hat nur mit ihrem Partner darüber gesprochen, man war sich einig, dass man keinen Kontakt mehr wollte.
Monika nahm aber Kontakt zum ehemals behandelnden alternativen Mediziner auf. Sie wollte von ihm wissen, ob diese Ausbrüche von Susi Teil eines Krankheitsbildes seien.
Er berichtete von Anschuldigungen Susis gegen ihre Eltern, der Vater habe sie missbraucht und die Mutter mit Nadeln gestochen.

Vom Arzt erfuhr Monika, dass das Kind, das Susi einen Monat später zur Welt brachte, wieder fast gestorben wäre, weil Susi nicht mit ihm zum Arzt ging. Es hatte einen Reflux in der Niere, der Harn floss nicht zur Blase, sondern wieder zurück. Er musste operiert werden. Als es geschah, war es fast zu spät.

Monika und ihr Partner gingen ihre Pilgerwege.
Von Steyr nach Mariazell.
Es begann, als Monika in Pension ging, zuerst der Jakobsweg in Spanien, 850 Kilometer von den Pyrenäen nach Santiago de Compostela.
Nach eineinhalb Jahren von Sevilla nach Compostela.
Der Weg vom Somport in den Pyrenäen.
Dann kam der Küstenweg.
Der Lykische Weg, Türkei.
Der Franziskusweg, Italien.
Der Primitivo, der älteste und schwierigste Weg in Spanien.

Es kamen anstrengende, aber auch schöne Zeiten. Die Wege waren Therapie. Das Gehen heilt die Seele und den Körper ohnehin.

Mit dem Gepäck auf dem Rücken lernt man, auch seelischen Schmerz zu ertragen.
Man kann nicht immer leiden, und die Hoffnung stirbt zuletzt.
Obwohl immer die Fragen bleiben: WARUM? „Was habe ich falsch gemacht?"

22

Nach einer längeren Schreibpause folgt wieder ein neuer Anlauf. Es gibt ja noch viel, viel zu berichten.

Irgendwann hat Monika gelernt, sich beim Universum zu bedanken. Nicht um etwas zu bitten, sondern zu danken, egal was kommt. Eines ist sicher, das „Richtige" kommt vom All und nicht aus dem menschlichen Gehirn, das an die Materie gebunden und daher begrenzt ist.
Sehr schwer fällt aber den Menschen, die Entscheidung des Universums anzunehmen und geschehen zu lassen. Man kann es lernen, und kein Mensch sagt, dass es leicht ist. Doch ist das geschehen, ist es schon eine Art Erleuchtung.
Monika ist am Weg dorthin.
Monika und Fredi kommen von einem Pilgerweg nach Hause.
Auf Anfrage eines Mediators wird wieder einmal Kontakt zur jüngsten Tochter Susi und Familie gewünscht.
Tochter Susi und die elfjährige Enkeltochter Klara sind in lange Kleider gehüllt und kopftuchbestückt. Daraus ist klar ersichtlich, dass die Eltern die Regeln des Islam zu akzeptieren haben, oder es gibt keinen Kontakt. Obwohl die Eltern Bauchweh und Herzschmerzen haben, akzeptieren sie die Situation, was rückblickend, aber nicht richtig war.
Es entsteht wieder die Situation „entweder" – „oder". Eine Art von Erpressung. Erpressung kann auf Dauer nicht gut gehen.
Es wurde noch ein Kind geboren, ein süßes Mädchen. Es gibt jetzt das eine Mädchen Klara vom österreichischen Partner, elf Jahre alt, einen Buben, zwei Jahre alt, und ein Mädchen, ein halbes Jahr alt, also zwei Kinder vom tunesischen Partner.
Monika und ihr Mann akzeptieren alles, um endlich wieder Frieden in der Familie einkehren zu lassen.

In der jungen Familie fehlt es an allem. Ihre Wohnung liegt in einer riesigen Stadtrand-Siedlung, der Hauptwohnraum liegt über einer Durchfahrt, der Boden, auf dem die Kinder hauptsächlich spielen, ist sehr kalt, es gibt überall Wärmebrücken, an denen sich Schimmelpilz bildet, ganz besonders im Winter, wenn nicht so viel gelüftet werden kann. Es gibt kaum Möbel und wenn, sind sie nicht vollständig. Geschlafen wird am Boden, auf Matratzen. Die Kleidung liegt am Boden, denn es gibt keinen Schrank Die ältere Tochter hat ein Zimmer, das sie mit den kleinen Geschwistern teilen muss, ihr Kleiderschrank droht auch ständig auseinanderzufallen. Als die Familie einmal in Tunesien auf Urlaub ist, hat ihn Fredi ordentlich verschraubt.

Gegessen wird an einem kleinen runden Tisch der nur zwanzig Zentimeter hoch ist. Alle sitzen auf dem Boden. Die Kinder werden unentwegt mit Brei gefüttert, dabei schauen sie am PC einen Kinderfilm an, viel Brei landet auf der Tastatur oder am Boden. Die Küche, eine Einbauküche, von den Vormietern übernommen, kann man nicht beschreiben, Monika weigert sich, das zu tun.

Der tunesische Vater ist arbeitslos, er ist auf der Suche nach Arbeit. Da er zu Hause ist, ist es sinnvoll, die Führerscheinprüfung zu machen. Um Geld zu sparen, ist Fredi bereit, mit ihm Fahrstunden zu absolvieren. Im zweiten Anlauf schaffte er die Prüfung. Monika lässt so manchen Hunderter zwischen dem Geschirr in der Küche. Einmal pro Woche bringen Oma und Opa sechs Flaschen Ziegenmilch frisch von den Ziegen und vieles mehr. Oma kocht für die ganze Familie. Anschließend versucht sie, den gröbsten Dreck der ganzen Woche zu entfernen. Fredi findet in einem Inserat einen wunderbaren, großen Schrank der gekauft wird. Ein Lieferwagen muss organisiert werden, der Schrank abgebaut und wieder aufgebaut werden.

Im Sommer ist die Familie viel im Garten der Großeltern. Die ältere Tochter möchte am liebsten nicht mehr nach Hause fahren. Der Stiefvater wird wütend, sie weint so manches Mal heimlich.

Darf ich bei Oma und Opa schlafen? Nein, sie gewöhnt sich ab, danach zu fragen.
Sie dürfte für zwei Wochen nach Tunesien fliegen, wenn sie es sich leisten könnten.
Was Oma am meisten schmerzt, das sind die häufigen Fußtritte von Franz gegen die Stieftochter.

Man sagt nichts, man akzeptiert einfach.
„Opa, wenn du im Garten Hilfe brauchst, du musst es nur sagen, ich helfe dir", sagt der Schwiegersohn. Ja, einmal waren Monika und Fredi in Urlaub. Der Schwiegersohn ist zwanzig Meter mit dem Rasenmäher gefahren, dann war das Elektrokabel ab.

Endlich bekam der Tunesier Arbeit, sogar in einer sehr guten, Metall verarbeitenden Firma. Er musste Nachtschicht machen, dafür verdiente er gutes Geld. Das war nötig, denn Susi, seine FRAU, war wieder schwanger. Monika und Fredi brachen wieder nicht in Jubel aus.
Es war für Monika die anstrengendste Zeit ihres Lebens. Auch die ältere Enkeltochter musste sehr viele Aufgaben übernehmen. Da hieß es schon manches Mal: Sitz nicht herum, tu etwas! Räum deinen Saustall in deinem Zimmer auf! Geh mit den Kindern hinaus! Ihr Kindsein war beendet.
Monikas Altruismus war leider wieder sehr aktiv. Es war ihr Leben, es war dieses Leben. Es war nicht nur finanziell eine sehr intensive Zeit, sondern auch körperlich und seelisch.

Zwei kleine Enkelkinder mit extrem anstrengenden Bedürfnissen, eine große Wohnung, ein Mann, der Schwiegersohn, der keinen Handgriff im Haushalt tat, und die erneute Schwangerschaft. Wie kann man sich da in Ruhe hinsetzen und zuschauen, so wie es die tunesischen Schwiegereltern taten! Monika wollte immer das „Notwendige" tun.

Es war ihr leider nicht immer möglich, und das belastete sie doppelt. Dazu kamen die fanatischen Ansichten des Korans, das Fasten, das Alkoholverbot, die Kleidungsvorschriften, die ja nur

für Frauen gelten. Dazu kam noch, ja kein falsches Wort zu sagen. Das Gefühl wirst du nicht los, gut genug für niedere Arbeiten, aber eine eigene Meinung darfst du nicht haben.
Einen Sommer lang arbeiten Monika und Fredi nur für die Familie. Kochen, putzen, organisieren, finanzieren. Dann kommt das vierte Kind. Die älteste Tochter darf jetzt überhaupt nicht mehr zu den österreichischen Großeltern. Zu den tunesischen dürfte sie schon, doch dazu reicht das Geld nicht. Sie wird ohnehin zu Hause gebraucht, ob sie jemals die Matura schaffen wird, ist sehr ungewiss, obwohl sie fleißig lernt. Nun geht es von früh bis spät nur mehr ums Füttern und ums Windelwechseln. Die zwei größeren Kinder tragen auch noch Windeln. Vier und zwei Jahre alt.

Der Müllsack in der Abstellkammer stinkt zum Himmel, denn ein moslemischer Vater trägt doch so etwas nicht zum Abfall.

Jede Woche, wenn Monika und Fredi die Ziegenmilch bringen, entfernt Monika als Erstes den Windelsack und den übrigen Müll, putzt das Bad und das WC. Kocht, putzt die Küche usw. Klara fragt eines Tages ihre Oma: Putzt du gerne?

Oma putzt nicht gerne, aber leider kann sie Schmutz nicht ausstehen.
Das „Notwendige" zu tun, war immer Monikas Devise, und das jeden Tag. Es war immer die Pflicht, die Vorrang hatte.
Monika tat alles, um anderen das Leben leichter zu machen und damit Frieden zu erzeugen. Das glaubte sie zumindest lange, lange Zeit. Es wurde nicht von allen so gesehen. Ja, irgendwann merkte sogar Monika, dass sie ausgenutzt wurde. Das Leben sollte ein Geben und Nehmen sein, im Idealfall sollte das ausgeglichen sein, und dabei darf es nicht nur Materielles sein.

Schwierig wird es, wenn jemand aus Afrika in ein reiches Europa kommt und glaubt, hier fliegen die gebratenen Hühner herum. Man braucht nur zu nehmen, es ist ja alles im Überfluss da.

Monika und Fredi hatten die islamischen Gesetze zu respektieren, da gab es keine Toleranz.
Susi lebte mit ihrer Familie zurückgezogen.
Es wurde niemand besucht, es kamen keine Besuche. Tochter und Enkelin trugen immer ein Kopftuch und lange Kleider.
Der Bruder von Franz lebt mit seiner tunesischen Frau in Oslo. Sie waren einmal mit ihrer kleinen Tochter zu Besuch in Österreich. Die Schwägerin war nach Franz' Geschmack viel zu modern bekleidet, obwohl sie ein Kopftuch trug.
Monikas Enkeltochter Mimi, 17 Jahre alt, würde gern das Baby sehen und besuchen dürfen. Monika wollte die junge Mutter telefonisch fragen, ob es in Ordnung sei, wenn Mimi mitkomme. Diese Anfrage fand auf drei verschiedenen Handys statt, doch niemand meldete sich. Es kam wieder einmal zur Eskalation, Mimi kam, um das Baby zu sehen. Monika und Fredi mussten sich wieder einmal zurechtweisen lassen.
Man fand wieder eine Entschuldigung für diese Behandlung, es war halt eine Wochenbettdepression.

Die tunesischen Eltern waren einmal zu Besuch, sie sind, so wie gewünscht, viel gesessen. Monika und Fredi kauften sogar für diese Leute Gebrauchsgegenstände und Mitbringsel für die Abreise, denn in Tunesien bekommt man ja nichts.
Es wurden viele Geburtstage gefeiert, zum Augenarzt, zum Zahnarzt, ins Krankenhaus und in die Schule gegangen. Ein Auto aus dem Burgenland besorgt, die Reifen gewechselt, das Auto von Innsbruck geholt, weil es da in Reparatur war und vieles, vieles mehr. Wieder kam ein langer Sommer, schön für die Kinder, denn sie waren jeden Tag im Garten, bei frischer Luft, auch so gut versorgt. Trampolin gekauft, aufgebaut, Tischtennisplatte gekauft, Baumhaus gebaut, nebenbei den Garten gepflegt, Rasen gemäht, damit die Bienen nicht den blühenden Klee bevölkern, weil die Kinder ja barfuß laufen.

Fredi versuchte, Monika in ihrer Arbeit als Versorgerin zu bremsen. Es gelang ihm kaum Erst viel später bemerkte Monika, dass sie weit über ihre Grenzen gegangen ist.

Als der Sommer vorbei war, die Schule begann, versuchte man, den fünfjährigen Buben in einen Kindergarten zu schicken. Vergeblich. Er machte ja auch noch in die Windel, und die Dreijährige machte es ihm nach.
Man feierte noch den einjährigen Geburtstag der jüngsten Tochter. Hin und wieder kam die Sprache auf die Tunesier, die in Österreich verheiratet sind. Und nicht nur in Österreich, Monika und Fredi lernten bei einer Reise nach Madeira eine Dresdner Familie kennen, deren Tochter auch mit einem Tunesier verheiratet ist. Und wie in Österreich funktioniert so eine Beziehung auch dort auf Dauer nicht.

Ich habe gelernt, nicht zu viel von den Menschen zu erwarten. Vor allem habe ich einen Sinn für Humor entwickelt, denn es gab so viele Dinge, über die ich entweder weinen oder lachen konnte. Wenn eine Frau über Probleme scherzen kann, statt hysterische Anfälle zu bekommen, kann sie nicht mehr viel umwerfen. Ich bedaure nicht so viel Not kennengelernt zu haben, denn dadurch spürte ich das Leben in jedem Augenblick, und das war den Preis wert, den ich bezahlen musste.
Die Geschichten ähneln sich alle. Am Anfang ist alles sehr schön, die Tunesier sind sehr charmant und nett. Das dauert genau so lange, solange, wie die Frauen sich dem Islam anpassen. Das heißt genau, der Mann hat das Sagen, er bestimmt, wo es langgeht.

Österreichische Frauen machen eine Weile mit, bekommen Kinder, doch die österreichische Kultur gewinnt irgendwann die Oberhand. Genau das war eines Tages das Thema, Susi, die Tochter, erzählt, dass alle Paare, die sie kennen, geschieden sind. Und zwar deswegen, weil sich die Tunesier zu sehr der österreichischen Kultur anpassen. Das ist die Meinung von Tochter Susi und Schwiegersohn F. Ja, warum wollen die Tunesier eigentlich nach Europa? Natürlich aus wirtschaftlichen Gründen, auch der Schwiegersohn wird das gleiche Motiv gehabt haben.
Im Islam gibt es keine persönliche Auslegung, man hat sich an die Gesetze zu halten, oder man ist ein Ungläubiger, den man

belügen, bestehlen oder sogar töten kann. Mosleme werden sogar im Himmel dafür belohnt.

Integration von Moslemen kann nicht gelingen, da kann der Staat noch so viel Geld dafür auslegen.

Leider müssen mein Mann und ich demnächst vor Gericht.

Das Gericht soll verhindern, dass unsere 15 Jahre alte Enkeltochter nach Tunesien verheiratet wird. Unser Schwiegersohn hat uns das schon einige Male erklärt, dass das sein Recht ist.

Die Enkeltochter darf sogar einmal einen Kandidaten ablehnen.

Man lernt sich im Urlaub kennen, verbringt gemeinsam zwei Wochen, man heiratet, damit Derjenige nach Österreich einreisen darf, und das ist Liebe? Wer soll das glauben? Monika glaubt es nicht und sagt es auch. Das hätte sie nicht sagen dürfen, denn sie muss dafür bestraft werden. Man glaubt, die Eltern bestrafen zu können, indem sie ihnen den Umgang mit ihnen und den Enkelkindern verbieten. Außerdem forderte der Schwiegersohn Geld von den Eltern. Das Spiel kann von Vorne beginnen. Oder doch nicht?

Dieses Mal ist es anders! Nicht sofort, aber die Erleuchtung kommt. Es ist ein Prozess, ein Entwicklungsschritt.

Viele kleine Schritte führen doch auch ans Ziel.

Die Probleme waren: Jederzeit verfügbar zu sein.

Die Verpflichtung, alles tun zu müssen, du machst das ja eh gern. Geld zu geben für das Notwendigste.

Zu sehen, wie sehr die älteste Enkeltochter unter den Diktaturen des Stiefvaters zu leiden hat.

Zu sehen, wie die Tochter in dem schwarzen langen Kleid immer unattraktiver wird.

Beim Essen auf dem Boden sitzen zu müssen, Glaubensmäßig immer derselben Meinung zu sein.

Als Ungläubiger ist nur dein Geld willkommen, das nimmt man gerne.

Mit einem Wort, es war nichts mehr stimmig. Monika merkte erst viel später, wie sehr sie die Situation belastet hatte. Ständig in der Angst zu leben, etwas Falsches zu sagen oder zu tun. Albträume zu haben, die nie aufhören.

Immer erpressbar zu sein, das kann nicht der Lebenssinn sein.
Von nun an ging's bergauf, sehr spät, aber doch hat Monika einiges begriffen.

> Wenn man alles verloren hat,
> hat man doch keine Angst mehr.

∼

Drehen wir die Situation einmal um:
Die Tochter wandert nach Tunesien aus, weil sie in Österreich keine Berufschancen hat.
Sie heiratet in eine Familie ein.
Sie trägt kein Kopftuch, die Schwägerinnen dürfen auch keines mehr tragen.
Ihr Mann darf nicht mehr in die Moschee gehen.
Die Kinder werden katholisch erzogen.
Es darf Alkohol getrunken werden.
Was würden die Schwiegereltern sagen?
Ob sie dann auch noch geliebt würde von den Schwiegereltern, so wie es der Schwiegersohn behauptet?
Was würden die tunesischen Großeltern sagen, wenn sie ihre Enkelkinder nicht sehen dürften, weil sie nicht katholisch sind?

Die Zeitzeichen sind FÜR uns.

Die Menschen in Europa erwachen schön langsam.
Der Islamist lässt sich nicht integrieren, da können die Regierungen noch so viel Geld ausgeben.
Jetzt sind die Islamisten auf einmal die Armen, weil ihre Radikalen bekämpft werden.
Klar ist, dass die Europäer viel zu lange zugeschaut haben und die kranken Gehirne nicht schon viel früher nach Hause geschickt haben.
Radikales Umdenken wurde notwendig. Vieles ist von Anbeginn f a l s c h gelaufen. Doch es ist wichtig, das so genannte Falsche zu hinterfragen.

Es muss anscheinend immer zuerst Blut fließen, bis der Mensch begreift.

Hier habe ich noch einige Fragen an Frau Carla Baghajati, die in Österreich eine Plattform für Christen und Muslime gegründet hat (und einige Auszeichnungen dafür erhalten hat):

Warum werden Hassprediger nicht bestraft und ausgewiesen?
Warum sprechen muslimische Väter nicht mit weiblichen Lehrpersonen?
Warum wird Kindergärtnerinnen verboten und warum werden diese sogar bestraft, wenn sie zu Weihnachten über die Geburt Christi sprechen?
Warum dürfen Frauen in Europa nicht so leben, wie SIE möchten?

Was kann ich machen, damit ich meine Enkelkinder sehen darf?
Müssen wir zum Islam konvertieren oder müssen wir bezahlen?
Keine Antwort von Frau Baghajati, mit solchen Kleinigkeiten gibt man sich nicht ab.

Das Problem ist, dass es im Arabischen keine Bezeichnung, kein Wort für Demokratie gibt.

Was aber bedeutet Demokratie?
Meinungsfreiheit und Toleranz.

Meinungsfreiheit und Toleranz waren auch bei uns nicht immer selbstverständlich.

Sie mussten von unseren Eltern erkämpft werden, und dabei ist auch Blut geflossen.

Solange Frauen so wie im Islam unterdrückt werden, kann es in den islamischen Ländern keine Meinungsfreiheit geben.

Wieso glauben diese Männer eigentlich, dass sie über Frauen bestimmen können?
Sie reden sich auf den Koran hinaus.

Ein Imam in der Tageszeitung schreibt:
Der Mann steht über der Frau,
weil er physisch und psychisch viel stärker ist.

Liebe Frauen, glaubt ihr das auch?

WENN MIR JEMAND (MOHAMED) SAGEN MUSS, WAS ICH ZU TUN HABE, DANN STIMMT DOCH IN MEINEM KOPF ETWAS NICHT
(natürlich auch bei den Christen)

Ich, zum Beispiel, weiß, was ich tun darf und was nicht.
Doch sie wissen nicht was sie tun, sie wissen nicht, dass ALLES zurück kommt, das so genannte Schicksal bringt alles zurück, es hat keine andere Chance.

Das wird der Schwiegersohn nie lernen, denn die arabischen Sender, die er ständig sieht, predigen nur Hass gegen den Westen.

Manche sind der Ansicht, dass man eigentlich keine Chance im Leben hat, etwas zu ändern, dass alles vorgegeben ist. Der Meinung bin ich nicht, denn wir haben den freien Willen bekommen, das unterscheidet uns von den Tieren.
Raubtiere müssen Fleisch fressen, der Mensch muss nicht Fleisch essen.

Das Wichtigste ist, sich klar zu machen, WAS will ich, welche Konsequenzen kann ich ertragen, was kann mein wahres Ich auf Dauer gut finden?

Kann ich es aushalten, wenn sich die Spreu vom Weizen trennt und wenn man einsam wird, weil die Umgebung damit nicht einverstanden ist?

Familie und Partnerschaft ist wichtig, doch sie darf nicht zur Selbstaufgabe führen, wie es von Frauen auch heute noch verlangt wird. Frauen haben eine sehr lange Leidensgeschichte, die Frauen selbst glauben machte, das müsste so sein. Konfuzius erlaubte den Männern, ihre Frauen zu töten, wenn sie ihrer überdrüssig waren denn diese hätten ohnehin kein Gefühlsleben. Dasselbe behauptete noch Freud von den Frauen beim Sex. Wie viele Jahre ist das jetzt her? Die paar Jahre sind in der Weltgeschichte bedeutungslos. Und doch ist es wichtig, kleine Fortschritte zu machen. Siehe den Weltenzustand!
Sogar in den islamischen Ländern bewegt sich etwas. Man mag die moderne Technik nicht gutheißen, das Internet hat doch einiges in Bewegung gebracht. Und es sind sehr viele Männer, die mit dem bisherigen Verlauf des Patriarchats nicht mehr einverstanden sind. Sie haben es genau so schwer, denn sie werden als Weicheier oder Softies bezeichnet.

> Es gäbe das Eine ohne das Andere nicht.
> Es gäbe keinen Tag ohne Nacht, nicht oben ohne unten,
> keinen Mann ohne Frau, kein Bangen ohne Verlangen,
> es gäbe keine Zuversicht ohne Verzagen,
> es gäbe kein Glücklichsein ohne Klagen,
> was wäre vorne ohne hinten?
> Es gäbe keinen Vordergrund ohne Hintergrund,
> wir wären ohne Krankheit nicht gesund,
> es gäbe keinen Verlust ohne Finden
> und keine Freiheit ohne Bindung.
> Es gäbe kein Licht ohne Dunkel,
> es gäbe keine Höhen ohne Tiefen,
> es gäbe keinen Himmel ohne Hölle und kein Leben ohne Tod,
> nur die Liebe, sie ist sich alleine genug!
> M. S.

Wir haben …
Wir haben eine Wohnung oder ein Haus,
wir haben eine automatische Heizung mit Thermostat,
wir haben ein Auto oder zwei, mit Garage,
wir haben einen Beruf und viel Arbeit,
wir haben einen PC und einige Fernseher,
überall Radios und Telefone,
wir haben eine Kaffeemaschine, eine Microwelle,
einen Kühlschrank,
der ist voll mit Tiefkühlkost und Fertigprodukten.
Wir haben für jede Gelegenheit die passende Kleidung,
wir haben auch zu jeder Sportart das richtige Outfit.
Wir haben viele Freunde,
wir haben Kinder, wir haben keine Zeit für sie,
aber sie haben viel Taschengeld.
Wir haben Haustiere,
die wir mit dem teuersten Dosenfutter verwöhnen.
Wir haben Schlachthöfe, die weit weg sind,
damit wir das Schreien nicht hören müssen.
Wir haben Supermärkte, die überquellen,
wir haben Nahrungsmittel, aber keine Lebensmittel,
wir haben zu viele Kilos, viele Diäten und Magersucht,
wir haben Diabetes und Cholesterin,
wir haben Herzinfarkt und Schlaganfall,
wir haben Gicht und Rheuma,
wir haben Schlafstörungen und Depressionen,
wir haben Krebs und Chemotherapie,
wir haben einen langen Lebensabend und viele Medikamente.
Wir haben große Sicherheit und viele Ängste,
wir haben Esssucht, Trinksucht, Konsumsucht
und Vieles mehr.

> Wir haben Intensivstationen,
> wir haben Angst vor dem Tod,
> wir haben viel zu tun,
> wir haben keine Zeit für das wahre Selbst,
> wir haben Angst davor, es zu entdecken!
> M. S.

Das „kleine Mädchen" ist jetzt 72 Jahre alt, wie viele Jahre werden noch vor ihr liegen? In körperlicher und geistiger Frische, Lebensqualität nennt man das.
Nach diesem märchenhaften Leben ist eines gewiss, was könnte noch Schlimmes passieren?
Ich bin sicher, Monika wird alles, was noch kommt, mit Humor nehmen, denn sie hat viel zu lang alles zu ernst genommen.
Der Ehrgeiz, es jedem recht zu machen, ist lange schon verblasst, jetzt muss ich es nur mehr m i r recht machen, denn ich bin Monika.

Eine nicht fanatische Christin, die ich bin, möchte noch ein Gebet vom heiligen Franz von Assisi zitieren. Wie man weiß, war er ein Freund der Tiere, und darum bin ich zu seinen Wirkungsstätten gepilgert.

Ich schreibe nicht Herr, ich schreibe Universum.

Universum
Mache mich zum Werkzeug deines Friedens:

Dass ich Liebe bringe, wo man sich hasst.
Dass ich Versöhnung bringe, wo man sich kränkt.
Dass ich Einigkeit bringe, wo Zwietracht ist.
Dass ich den Glauben bringe, wo Zweifel quält.
Dass ich die Wahrheit bringe, wo Irrtum herrscht.
Dass ich die Hoffnung bringe, wo Verzweiflung droht.
Dass ich die Freude bringe, wo Traurigkeit ist.
Dass ich das Licht bringe, wo Finsternis waltet.

O Universum
Hilf mir, dass ich nicht danach verlange:
Getröstet zu werden, sondern zu trösten.
Verstanden zu werden, sondern zu verstehen.
Geliebt zu werden, sondern zu lieben.

Denn:

Wer gibt, der empfängt.
Wer verzeiht, dem wird verziehen.
Wer stirbt, der wird zum ewigen Leben geboren.

Die Autorin

Monika Sattmann, Jahrgang 1943, ist verheiratet und hat drei erwachsene Kinder. In ihrer Freizeit liest sie gerne, geht wandern und macht Handarbeiten.
Sie schreibt über ihr Leben: „Die Seele des Mädchens saß auf Wolke neun, sie erblickte ein märchenhaftes Leben, aber heute kann keiner glauben, was es erlebt hat. Geboren wurde es im zerstörerischsten Krieg aller Zeiten …"

Der Verlag

*Wer aufhört
besser zu werden,
hat aufgehört
gut zu sein!*

Basierend auf diesem Motto ist es dem novum Verlag ein Anliegen neue Manuskripte aufzuspüren, zu veröffentlichen und deren Autoren langfristig zu fördern. Mittlerweile gilt der 1997 gegründete und mehrfach prämierte Verlag als Spezialist für Neuautoren in Deutschland, Österreich und der Schweiz.

Für jedes neue Manuskript wird innerhalb weniger Wochen eine kostenfreie, unverbindliche Lektorats-Prüfung erstellt.

Weitere Informationen zum Verlag und
seinen Büchern finden Sie im Internet unter:

w w w . n o v u m v e r l a g . c o m

Bewerten Sie dieses Buch auf unserer Homepage!

www.novumverlag.com